O NEGOCIADOR
É VOCÊ

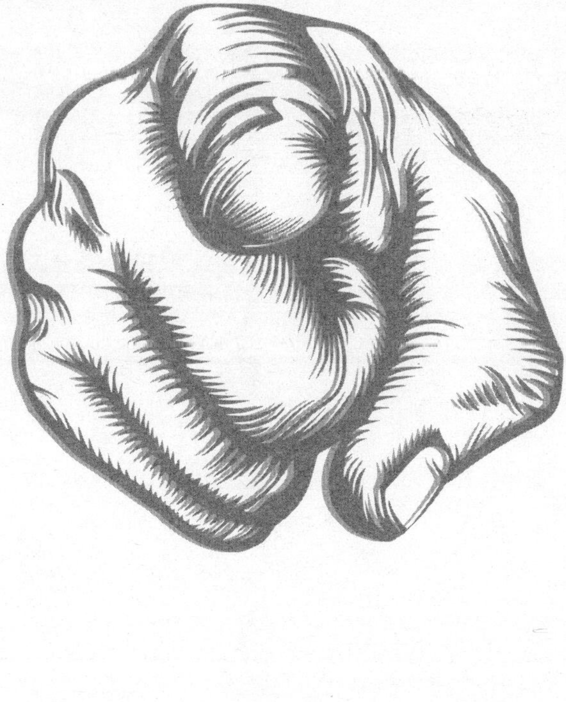

Joshua N. Weiss

O NEGOCIADOR É VOCÊ

Este livro é uma introdução a negociações, especialmente para aqueles que não se enxergam como negociantes.

LeYa

Diretor editorial: Pascoal Soto
Editora executiva: Maria João Costa
Editora assistente: Denise Schittine
Assessor editorial: Bruno Fiuza
Tradução: Vinícius Gonçalves
Preparação de texto: Breno Barreto
Revisão de texto: Camila Dias da Cruz
Diagramação: Abreu's System
Capa: Ideias com Peso
Diretor de produção gráfica: Marcos Rocha
Gerente de produção gráfica: Fábio Menezes

CIP-BRASIL. CATALOGAÇÃO-NA-FONTE
SINDICATO NACIONAL DOS EDITORES DE LIVROS, RJ

Weiss, Joshua N.

O negociador é você / Joshua N. Weiss; tradução de Vinícius Gonçalves. – Rio de Janeiro : LeYa, 2013.
160 p.

Bibliografia
ISBN 978-85-8044-798-9
Título original: *The negotiator in you*

1. Negociação (Administração de empresas) 2. Comportamento organizacional I. Título II. Gonçalves, Vinícius

13-0432 CDD 658.4052

2013

TEXTO EDITORES LTDA.
[Uma editora do Grupo Leya]
Rua Desembargador Paulo Passaláqua, 86
01248-010 – Pacaembu – São Paulo – SP – Brasil
www.leya.com.br

Sumário

Parte II

O negociador em você dentro de casa

Parte III

O negociador em você na vida como um todo

Prefácio

Este livro é uma introdução a negociações, especialmente para aqueles que não se enxergam como negociadores. Negociação é uma palavra que todos conhecemos e ainda assim não consideramos muito relevantes para nossas vidas. Negociação é algo que outras pessoas realizam em salas de reuniões ou acordos de paz. E então você pode achar que negociações não desempenham um grande papel em sua vida. Bem, eu discordo. A verdade é que todos somos negociadores! Nós nos envolvemos em diferentes tipos de negociações a cada dia – com nossos parceiros, parentes, filhos, credores hipotecários, companheiros de trabalho ou clientes. Como o ato de negociar está cada vez mais presente em nosso mundo, você *deve* enxergar o negociador que há dentro de si.

O negociador é você visa abrir os seus olhos para todas as negociações que acontecem ao redor e que talvez você não tenha percebido como tal. Do seu diálogo com companhias de cartão de crédito a conversas com seu cônjuge sobre como organizar as finanças, você está negociando. Ao longo deste livro você perceberá as habilidades de negociação que já possui, aprenderá a aprimorá-las em espaços nos quais não se sente à vontade, ou nos quais teme se aventurar, e também a se engajar em negociações de forma estratégica para ganhar a confiança que pode estar lhe faltando.

A fim de desenvolver o negociador em você, é importante partir de uma definição clara de negociação e depois analisar alguns conceitos fundamentais diretamente ligados à ideia e ao processo de negociar. Como você irá perceber, há vários mitos relacionados à negociação que precisam ser desconstruídos.

Ainda que a grande maioria de nós já tenha ouvido o termo negociação, não conseguimos defini-lo de forma sucinta. Vamos começar com uma definição que nos oferece um ponto de partida usual: *Negociação é a interação entre duas ou mais pessoas que procuram conciliar seus interesses da melhor forma possível, seja chegando a um acordo ou abandonando o processo sabendo que podem alcançar melhores resultados por outras vias*. Primeiramente, você irá perceber que essa definição é um diálogo entre duas ou mais partes interligadas. Em seguida, notamos que o ato de negociar tem a ver com defrontar-se com interesses (ou seja, o que mais almejamos de determinadas situações) alheios. Finalmente, perceba que o objetivo é chegar a um acordo *ou* a percepção de que é possível alcançar melhores resultados por vias diferentes. Essa última ideia é importantíssima, pois muitos definem negociação como o simples ato de se chegar a um acordo. Tal definição pressiona as partes envolvidas na negociação a apenas alcançar um acordo, mesmo que ele pouco as favoreça. Sendo assim, a definição que proponho não é a típica ideia de negociação, ainda que dela possamos tirar os componentes fundamentais para a nossa análise mais detalhada desse processo.

Em seguida, nós devemos desconstruir os mitos corriqueiramente vinculados à ideia de negociação. Muitos desses mitos – perpetuados na mídia e em outros meios de comunicação – oferecem uma concepção rasa sobre a arte e a ciência da negociação. Depois de examinarmos cada um desses mitos, uma visão mais realista desses conceitos virá à tona.

O primeiro mito parte do princípio de que negociação e acordo são sinônimos, significando que uma das partes deve estar disposta a abrir mão do que lhe é importante a fim de se atingir concordância.

Isso é algo que ouvimos com frequência, em diversos contextos, e que simplesmente não é verdade. O maior problema envolvendo acordos é que eles muitas vezes são uma resposta rápida a questões complicadas. Assim sendo, muitos acordos acabam por aliviar o estresse da situação, mas não atingem o potencial que uma dada negociação pode possuir. A realidade é que negociações bem-sucedidas envolvem, em muitos aspectos, criatividade e a descoberta de soluções ímpares para desafios complexos. Como exemplo, considere o caso a seguir:

Sarah, uma representante da Dunning Contractors, estava em meio a uma negociação com Karen, representante da cidade de Cumberland. A negociação envolvia os serviços de empreiteira que a Dunning iria prover a Cumberland para que a cidade alimentasse suas reservas. As duas negociadoras tiveram bom progresso quanto a várias questões, mas esbarraram na diferença entre o valor que o fornecedor (a Dunning Contractors) estava cobrando e o valor que o cliente (a cidade de Cumberland) estava disposto a pagar. Essa diferença era de aproximadamente cem mil em um contrato de dois milhões de dólares. Depois de muitas idas e vindas, a negociação estava prestes a ruir. O medo de todo o trabalho ir por água abaixo tomou conta de Sarah e Karen. Em um último instante, Karen disse: "Sabe, vamos fechar logo esse acordo e dividir a diferença. Não será o ideal para nenhuma das partes, mas é melhor do que nada." Depois de remoer um tanto a decisão, Sarah concordou, mesmo sem saber como explicaria essa decisão a seu chefe.

O que nós vemos aqui é um clássico acordo que superficialmente parece justo, consideradas as circunstâncias, mas que força cada um dos negociantes a ultrapassar seus limites, tencionando ambas as partes e suas futuras relações.

Vamos imaginar que podemos voltar no tempo para antes de o acordo ter sido fechado. Retomamos o enredo e pensamos se outra abordagem para a negociação é possível.

Para relembrar, ambas as partes buscavam uma solução para a diferença de cem mil dólares que havia surgido. Ao invés de sugerir que um acordo é a melhor forma de fazer o negócio dar certo – o que realmente não é o caso para nenhuma das partes –, Sarah se aprofunda um pouco mais na questão.

Sarah diz a Karen: "Certo, parece que progredimos bastante até agora e terminamos nessa questão. Apenas para confirmar, há algo de valor para você e para a cidade de Cumberland que ainda não foi discutido?" Karen reflete por alguns instantes e explica que há duas questões de importância para ela e para a cidade que não foram incluídas na conversa.

A primeira é que a cidade de Cumberland prefere um contrato de vários anos ao contrato de apenas um ano que foi oferecido. Cumberland contrata um novo fornecedor a cada ano. Os custos, de tempo ou recursos, resultantes dessa ida e vinda de fornecedores são substanciais. Além disso, devido a essa rotatividade, Cumberland está ganhando a fama de ser um cliente complicado para se trabalhar. Com um contrato de vários anos, essa imagem aos poucos se dissiparia.

A segunda questão é que Karen é relativamente nova em seu cargo para negociar esse tipo de contrato e que ela acredita que sua falta de conhecimento sobre o assunto contribuiu para essa ida e vinda de fornecedores. Os gestores da cidade não têm conhecimento desse fato. Também seria de valor para Karen que o diretor de projetos da Dunning viesse a ensiná-la acerca dos pormenores do processo, para que ela estivesse mais bem preparada para negociações futuras.

Sarah se anima com essa nova informação, pois ela se encaixa com um de seus principais interesses, que até agora a negociadora não sabia que era compartilhado pela cidade de Cumberland – um contrato de vários anos. Sarah tinha uma impressão equivocada de que, devido a contratos de múltiplos anos não terem sido realizados anteriormente, a cidade não estaria interessada nesse modelo contratual. Com um contrato de vários anos, ela poderia diminuir a diferença de valor em 80 mil dólares, sabendo que um contrato de longo prazo é também uma melhor opção para a Dunning. Quanto ao aspecto educacional desejado por Karen, Sarah pode oferecê-lo sem dificuldades, já que ele costuma fazer parte dos serviços oferecidos pela Dunning. Sarah expressa sua boa vontade e habilidade para atingir os interesses de Karen. Com essa prova de boa fé, Karen concorda em assumir a diferença de 20 mil dólares.

Sarah e Karen atingiram um acordo inovador graças a interesses ocultos não mencionados terem vindo à tona. Esses interesses eram de valor para ambas e consequentemente constituíram um melhor acordo para cada uma das partes. Essa é a essência da negociação eficaz.

O segundo mito é que os melhores negociadores são os oradores mais eficazes.

Ainda que não faça mal ser um orador eloquente, essa certamente não é a mais importante habilidade que um negociador possui. Na realidade, já nos diz o provérbio: não é à toa que você tem uma boca e dois ouvidos. Ouvir é duas vezes mais importante que falar.

Esse é o caso quando se negocia, pois a moeda corrente das negociações é a informação, e, que eu saiba, você não colhe muitas informações enquanto está falando. Você as colhe quando está ouvindo cuidadosamente, o que o leva a fazer as perguntas certas. Essas perguntas abrem portas que estavam fechadas e tornam negociações que antes pareciam impossíveis passíveis de resolução.

O terceiro mito é que negociar se trata de chegar a um acordo.

Você pode ficar surpreso ao saber que o ato de negociar não tem necessariamente a ver com se chegar a um acordo, mas com atingir interesses e objetivos. Por ora, essa deve parecer uma ideia simples, mas o problema em negociar é que a maioria das pessoas não mantém suas metas e interesses à vista, ou que muitas vezes elas sequer têm certeza sobre quais são essas metas e interesses. Há diferentes motivações e informações ocultas que se deve trazer à tona para resolver negociações complicadas. Simplesmente chegar a um acordo, seja ele bom ou ruim, não garante o sucesso da negociação.

Considere esse exemplo: Mary e Allen foram casados durante anos. Eles têm três filhos e estão felizes com o casamento, exceto por uma questão: Mary odeia o tanto que Allen trabalha. Ela sabe que ele precisa trabalhar bastante para pagar as contas, mas também sabe que para o casamento dar certo a longo prazo, ele precisa passar mais tempo com ela e as crianças. Mary explica a Allen que ela acha que ele está trabalhando demais e que está preocupada com ele. Contudo, não consegue dizer mais do que isso, pois Allen está sempre correndo para resolver coisas e tem pouco tempo de atenção a oferecer. Allan ouve Mary e chega à conclusão de que ela deve estar certa. Assim, no dia seguinte, ele liga para alguns amigos e combina de saírem juntos. O problema é que Mary não contou a Allen sobre seus próprios interesses e necessidades – ele passar mais tempo com ela e com as crianças. Tudo que Allen conseguiu perceber é que ele devia investir mais tempo no seu próprio lazer. Ainda que eles tenham conseguido chegar a um acordo, a negociação não teve êxito, pois as necessidades de Mary não foram atendidas.

O quarto mito é que o comportamento do negociador muitas vezes é imprevisível, e que as pessoas têm dificuldades para decifrar a abordagem de outros negociadores.

A realidade é que se você souber o que procurar em outros negociadores, perceberá que há um universo de estilos de negociação – cinco, para ser exato – e não um número infinito de abordagens. Esse conceito se torna útil porque você pode perceber seu próprio estilo de negociar, pesando prós e contras dessa sua abordagem, e também aprender a ler os estilos de outras pessoas, ponderando como eles podem se entrosar com o seu próprio.

O enredo a seguir ilustra essa questão: Carl é dono de uma empresa, e Paul é o seu diretor-geral. Carl possui um estilo de negociação que pode ser mais bem caracterizado como evasivo. Toda vez que Paul levanta uma questão que é minimamente controversa, torna-se quase impossível chegar a Carl. Carl invoca todo tipo de motivo para não se reunir com Paul. Paul, por outro lado, possui um estilo de negociação que é competitivo e assertivo. Quanto mais Carl evita a situação, mais Paul se irrita e se sente frustrado. A negociação dos dois termina com Paul se demitindo da empresa, simplesmente porque ele não consegue mais trabalhar com Carl. No cerne do problema dos dois, está o diferente estilo de negociação de cada um.

Com esses influentes mitos desconstruídos, agora é possível concluir esta introdução com algumas informações acerca do restante do livro. Este livro está dividido em três segmentos e pode ser lido como um todo ou como um conjunto de módulos independentes.

A primeira seção deste livro se preocupa com negociações em ambientes de trabalho. Os dois primeiros capítulos nessa seção visam os tópicos gerais de negociações internas e externas, seu sequenciamento, as interações entre ambos e o papel de fatos e informações no ato de negociar. Muitos tipos específicos de negociações que o leitor possivelmente vivencia no trabalho são encontrados nesses capítulos, incluindo: negociações de salário, negociações com o chefe e negociações de trabalho no mundo virtual. Incorporados a esses cenários estão exemplos práticos, assim como diferentes técnicas e estratégias para se lidar com diversas situações.

A segunda seção se aprofunda em questões domésticas. Essa seção mergulha na esfera privada da vida de cada um, onde se negocia com a família, incluindo pais, avós, cônjuges, filhos e até aquele parente meio doido que todo mundo parece ter. De disputas sobre a coxa do pernil em reuniões natalinas às fatídicas discussões sobre política e religião, os capítulos dessa seção vão lhe ajudar no exame de como negociar em casa, de por que essa é uma esfera diferente das outras esferas da sua vida, e vão lhe prover algumas ferramentas essenciais para lidar com essas negociações.

Finalmente, o último segmento do livro examina diversas negociações que você encontra enquanto tece seu caminho ao longo da vida. Os vários capítulos dessa seção focam em técnicas e estratégias para transformar a abordagem de outros negociadores de competitiva em cooperativa; em como reivindicar suas necessidades de forma eficaz; quando você deve (ou não) fazer a primeira oferta; como compreender o quão importante é o valor em negociações; coisas a considerar quando se investe em grandes aquisições, como carros e casas; e em como lidar com negócios como consumidor.

Até o final deste livro, você irá desenvolver o conhecimento e habilidades necessários para passar a ser um negociador de sucesso em várias esferas da sua vida. Mas há um porém – você tem que usar esse conhecimento e essas habilidades ou eles irão se perder tão rápido quanto você os adquiriu. Você deve praticar essas habilidades, errar com elas, aprender com esses erros e trabalhá-las até o ponto de elas se tornarem sua segunda pele. Uma vez atingido esse ponto, você terá verdadeiramente começado a perceber o negociador dentro de si.

PARTE I

O negociador em você no trabalho

CAPÍTULO 1

Introdução

O trabalho é um espaço onde você pode negociar mais do que em qualquer outra esfera da sua vida. Essas negociações ocorrem através do espectro organizacional e podem incluir negociações com o seu chefe, companheiros de trabalho, atendentes do setor de expedição, clientes, vendedores, subcontratantes, entre outros. Por que temos que negociar tanto no trabalho? Uma boa resposta é que, no mundo de hoje, estamos depositando cada vez mais confiança em outras pessoas para conseguir completar nossas tarefas. Como um rápido exemplo, pare um segundo e pense em todas as pessoas das quais você depende para realizar seus serviços no trabalho. Eu aposto que a lista é muito maior do que você imaginou inicialmente.

Se dependemos de outros para realizar nosso trabalho, há duas abordagens fundamentais para que eles realizem aquilo que precisamos ou queremos. Primeiramente, podemos tentar lhes *dizer* o que fazer – principalmente se trabalham para nós e temos poder sobre eles. Em segundo lugar, quando não temos esse poder ou decidimos por não exercê-lo, podemos recorrer à negociação e persuasão para que as outras partes realizem o que *nós* queremos que elas façam e que também *lhes* é de interesse. Esse segundo tipo de interação domina a maior parte das nossas relações de trabalho e, portanto, não é um grande mistério o porquê de a negociação estar tão presente no mundo do trabalho.

O ato de negociar no trabalho é bem distinto e possui dinâmica própria, o que o torna um desafio maior, em vários sentidos, que a negociação em outros contextos. É impossível listar todos os desafios do ambiente de trabalho, mas é justo dizer que os seguintes desafios são dinâmicas-chave que muitos encaram ao negociar no trabalho:

Parâmetros comparativos para o desempenho no trabalho

Todos nós somos avaliados de diferentes formas no ambiente de trabalho. Nosso desempenho é frequentemente aferido a partir de certos parâmetros que indicam quando estamos ou não fazendo nosso trabalho de forma eficiente. Contudo, é comum que os parâmetros de certos funcionários estejam em um real ou aparente conflito com os de outros da empresa.

A estrutura de uma companhia ou organização e suas subsequentes divisões

Negociações ocorrem tão frequentemente dentro de uma companhia quanto em esferas exteriores. Curiosamente, na maioria dos cursos que eu conduzo, os participantes costumam afirmar que as mais difíceis negociações nas quais se envolvem são de natureza interna. Elas normalmente se dão entre funcionários e entre funcionários e seus supervisores. No entanto, há muitas negociações que também ocorrem entre departamentos de companhias – como entre o setor de marketing e o de pesquisa e desenvolvimento. Elas são chamadas de negociações entre-setores, e definidas como negociações envolvendo diferentes divisões de uma companhia, que têm que negociar entre si para realizar suas tarefas mas, na maior parte das vezes, operam sozinhas, pouco interagindo com outros setores fora desse tipo de negociação. Essas negociações são desafios à parte, devido a vários fatores. Em primeiro lugar, diferentes panos de fundo disciplinares geram problemas simplesmente pelo modo como as pessoas vêm a enxergar as coisas. Em segundo lugar, a ausência de um supervisor em comum que poderia ajudar a estabelecer parâmetros para a negociação alimenta o desafio. Em terceiro, a ausência de entendimento acerca da ligação entre os diferentes departamentos, e o fato de que todos eles trabalham para a mesma companhia e pelo mesmo objetivo, mina o processo.

Assimetrias de poder visíveis e invisíveis

O poder é uma dinâmica que afeta praticamente todas as relações no ambiente de trabalho. Enquanto certas relações nesse ambiente têm uma clara assimetria de poder – entre um chefe e seus funcionários –, outras têm o que pode ser classificado como uma relação de poder invisível e mutável. A relação invisível de poder é a que existe, por exemplo, entre dois colegas de trabalho. Ela é invisível porque a relação de poder entre funcionários que exercem o mesmo cargo tem idas e vindas, correndo entre eles conforme as circunstâncias e diferentes níveis de experiência acerca do assunto em questão. Sendo assim, é possível que um funcionário exerça poder sobre um colega de trabalho quando se trata de uma questão de conhecimento técnico. No entanto, a situação pode se inverter entre esses mesmos funcionários quando a questão é a habilidade de se lidar com uma questão relacional.

Diferentes formações e diferentes áreas ou especialidades significam diferentes pressupostos e percepções

Diferentes pressupostos e modos de perceber os fatos causam estragos à maioria dos processos de negociação. Isso ocorre porque esses fatores são em grande parte ocultos para nós, até que revelados por outra pessoa e trazidos à nossa atenção. No entanto, o contexto do ambiente de trabalho é especialmente desafiado por esse problema, porque há pessoas em uma mesma companhia ou organização vindas de diferentes áreas, com diferentes especialidades. Essa variedade de campos de estudo ou especialização gera um campo fértil para se fazer suposições e para deixar que as visões de apenas uma das partes domine o processo sem que nenhum dos lados sequer se aperceba disso.

Separar o pessoal do profissional

A última dinâmica que afeta o contexto do ambiente de trabalho é o esforço de se separar o pessoal do profissional. Em muitos locais, é condenável levar problemas pessoais para o ambiente de trabalho. Ainda assim, esse limite é difícil de ser respeitado e muitas vezes acaba, sutilmente e por vias encobertas, afetando as relações de trabalho. Quando alguém envolvido em uma negociação de trabalho age de forma que parece irracional, a causa desse comportamento pode, por vezes, ser ligada a algo que está acontecendo em outras esferas de sua vida.

Enquanto todas essas dinâmicas servem de pano de fundo para negociações no trabalho, o foco inicial do restante desta seção será dado a duas categorias genéricas de negociação com as quais você se verá envolvido no trabalho. Primeiramente, negociações internas e externas serão analisadas para que se possa traçar suas similaridades e diferenças. Cada uma é complicada à sua maneira, possui seus próprios desafios, mas também há uma reciprocidade entre elas que será examinada. Em segundo lugar, um problema que surge frequentemente em negociações no ambiente de trabalho é o desejo de focar os fatos. Ainda que essa seja uma ideia significativa e frequentemente mencionada, ela costuma ser problemática em negociações no ambiente de trabalho.

A segunda metade desta seção começa com um capítulo sobre uma negociação pela qual todos nós passamos vez ou outra: a negociação de salário. Depois seguimos para o momento que a maioria de nós teme, mas no qual todos devem investir de tempos em tempos: a negociação com o chefe. Finalmente, o último tipo de negociação do qual trataremos nesta seção, com um foco completamente diferente: negociações virtuais. Essa última abordagem incluirá o que fazer e não fazer em negociações por e-mail.

CAPÍTULO 2

Negociações internas e externas: encarando-as por todos os lados

Negociações internas são definidas como transações dentro de um grupo, organização ou grupos de negociação, enquanto negociações externas têm pessoas "do outro lado da mesa" – como clientes, fornecedores e outras nações ou governos, se estivermos falando de negociações políticas. Você deve estar pensando: "por que essa diferenciação é importante?"

Antes de discutir a distinção entre negociações internas e externas em detalhes, é interessante saber que muitas pessoas afirmam que negociações internas, como uma classe de negociações, são bem mais complicadas que negociações externas. Também deve ser considerado que negociações externas frequentemente têm um elemento interno envolvido. Por exemplo, quando alguém está negociando com um cliente, é importante ter em mente que esse alguém também está negociando com os membros de sua equipe sobre a melhor forma de se lidar com a situação ou com o seu chefe sobre o que se deve ou não estar disposto a aceitar e o porquê. Quando esse tipo de "negociação de duas cabeças" existe, a questão de dar sequência às negociações torna-se muito relevante. Costuma ser melhor trabalhar as negociações internas primeiro, para que se possa investir nas negociações externas com a confiança e consistência do seu próprio grupo.

Isso estabelecido, quando negociações internas e externas ocorrem separadamente, são poucas as dinâmicas que se diferenciam e merecem maiores detalhes. A primeira variação é que negociações internas costumam alimentar expectativas de forma peculiar. A maioria dos negociadores espera diferenças dos outros negociadores envolvidos em negociações externas. Quando se trata de negociações internas, no entanto, muitos creem que essas negociações devem ser mais fáceis. Afinal, fazemos todos parte de um mesmo time, não é mesmo? Na realidade, é a proximidade criada quando se trabalha junto, dentro de uma organização ou companhia, que adiciona novas emoções à situação. Às vezes, isso parece dar o direito a pessoas do grupo de dizer coisas para parceiros e colegas de trabalho que eles nunca diriam a clientes ou agentes externos.

A segunda diferença é que frequentemente negociações internas são necessárias como precursoras para negociações externas. Infelizmente, é comum que as pessoas misturem o sequenciamento das negociações e partam do princípio de que há concordância interna, descobrindo apenas no momento em que estão em uma sala de reuniões que seus colegas de trabalho têm expectativas bem diversas, ideias distintas sobre o que estão dispostos a aceitar e sobre quais concessões estão dispostos a fazer.

A terceira distinção diz respeito ao fato de que normalmente está bem claro com quem você está negociando externamente. Internamente, contudo, o processo de negociação pode afetar partes que não haviam sido consideradas. Qualquer que seja o resultado de uma negociação interna, você terá que trabalhar junto a seus colegas durante um longo tempo, o que torna as consequências bem mais significativas para vocês.

Por último, se você não for bem-sucedido em negociações internas, as consequências de uma falta de concordância podem ser que projetos não procedam conforme o planejado ou que seus colegas de trabalho acabem tentando minar concepções as quais ficaram de fora depois de terem participado deles via negociações internas.

Todas essas diferenças sugerem problemas de peso quando se negocia ao mesmo tempo interna e externamente. Deve-se estar atento e se saber lidar com a justaposição e o sequenciamento entre esses dois tipos de negociação quando eles surgem misturados. É quase certo que ordenar negociações de forma incorreta o levará ao fracasso em pelo menos uma dessas esferas, e provavelmente nas duas.

Folha de trabalho individual

Negociações internas e externas são uma realidade na maioria dos ambientes de trabalho. O desafio de se lidar com negociações nessas duas frentes é significativo, pois um processo costuma ter impacto sobre o outro. O que temos a seguir são algumas dicas e questões para se pensar quando estamos nos preparando para negociações internas e externas.

Comece por essa dica: Cheque suas expectativas quando se tratar de negociações internas. Elas muitas vezes são complicadas porque nós assumimos que as outras pessoas do grupo devem estar acompanhando nossas ideias e trabalhando pelo mesmo objetivo. Se você diminuir suas expectativas e contestar pressupostos de relevância acerca das negociações internas, você se engajará nesses processos de outra forma, reduzindo a possibilidade de se frustrar.

Quando se tratar de negociações internas e externas, lembre-se desses pontos-chave:

- Prepare-se para negociações internas como você faria com qualquer outra negociação.
- Negociações internas incluem negociações com colegas de trabalho, supervisores, pessoas que trabalham para você e pessoas de outros setores da empresa.
- Quando negociações internas e externas são necessárias no desenrolar de uma situação, certifique-se de lidar primeiro com as negociações internas para que possa ter mais confiança ao negociar externamente.
- Negociações internas podem ser mais complicadas porque não está sempre claro com quem você está negociando, especialmente quando há negociações entre-setores em uma organização e você deve negociar através dessas subdivisões.
- Lembre-se de que negociações internas são essenciais para a concordância do grupo. Caso não haja essa concordância, não negocie externamente.

PERGUNTAS PARA FAZER A SI MESMO:

- Irei negociar externamente. Eu preciso me engajar em alguma negociação interna para ter certeza de que negociarei externamente com autoridade e clareza?
- Em minhas negociações internas, eu sei quem são os responsáveis pelas decisões com os quais devo negociar e conheço seus interesses e necessidades?
- Quais são as dinâmicas que devo considerar em minhas negociações internas? E em minhas negociações externas?
- O fluxo das negociações será direto, ou seja, eu conseguirei conduzir a negociação interna e em seguida a negociação externa, ou terei de ficar indo e voltando a esses mesmos processos de negociação?

CAPÍTULO 3

Por que você não pode simplesmente "se ater aos fatos"

Um dos livros que usei nas aulas de estatísticas durante a graduação se chamava *How to lie with statistics**. Eu realmente desfrutei da leitura e apreciei a honestidade do autor, Darrell Huff, ao trazer luzes à ideia de que estatísticas e fatos podem ser usados para vários propósitos. Até hoje eu me lembro constantemente desse assunto, relacionando-o com o ato de negociar. Quando lhe disserem frases como "vamos apenas nos ater aos fatos" ou "os fatos não mentem", tome cuidado. Eu chamo isso de a armadilha do "se ater aos fatos", e é importante que se entenda suas complicações.

O cerne da questão é que, de um lado, há fatos e, de outro, há fatos filtrados pela percepção de outra pessoa e moldados para se encaixarem em um argumento ou perspectiva. O que eu quero dizer é que dois mais dois é sempre quatro. Todos sabemos disso e ninguém questionaria a veracidade dessa afirmação. No entanto, o que quatro real-

* O livro não possui tradução para o português. A tradução literal é "Como mentir com estatísticas".

mente *significa* em um dado contexto de negociação vai além de um simples número – torna-se um número com significado, que não é nem neutro e nem inofensivo.

Em outras palavras, algumas pessoas em processos de negociação tomam os fatos como os entendem – o que à primeira vista pode parecer apenas algo que notam com objetividade – e aplicam seu próprio sentido a eles. É aí que as coisas se complicam, porque elas não mais se atêm "apenas aos fatos". Com subjetividade acima dos fatos, eles deixam de ser apenas fatos e se tornam uma *interpretação* dos fatos, que é transmitida simplesmente como fatos. Essa noção é falaciosa.

Considere o seguinte exemplo: estou negociando com alguém sobre a compra de uma casa, e eu fiz meu dever de casa. Eu sei que casas na região são vendidas a certo preço, então faço minha oferta. O vendedor diz que o preço dele é cinquenta mil dólares mais caro do que aquele que lhe ofereci porque esse é valor comum entre casas com as mesmas características vendidas no país. Sendo assim, nesse caso, ele e eu escolhemos diferentes fatos e informações que são, em ambos os casos, válidos e que nos interessam ressaltar. Eu estou usando fatos baseados na vizinhança na qual ele vive, e ele está usando fatos em nível de amostra nacional. São fatos aos quais adicionamos nosso próprio sentido e que melhor servem aos nossos propósitos.

Concluindo, como você pode lidar com esses enfrentamentos baseados em fatos? Primeiramente, reconhecendo que fatos não são fatos quando eles são filtrados através da percepção de uma pessoa sobre dada situação. Esses são fatos interpretados. Em segundo lugar, a melhor forma de se manejar essas situações é trazer a questão aos outros negociantes, explicando que você acredita que, no lugar dos fatos, eles estão pondo o sentido que assumiram para os fatos. Se eles não lhe entenderem, dê uma outra interpretação ou exemplo.

Folha de trabalho individual

O detetive Joe Friday, da série de televisão *Dragnet*, era famoso por dizer "só os fatos, madame" a mulheres com as quais falava durante uma investigação. Ainda que tentemos fazer isso durante uma negociação, muitas vezes não podemos nos ater apenas aos fatos por inúmeras razões.

Comece por essa dica: Fatos deixam de ser apenas fatos quando você coloca seu julgamento e perspectiva sobre eles. Ainda assim, a maioria das pessoas não faz essa distinção. Lembre a si mesmo e a outra pessoa sobre essa realidade. Não se esqueça da seguinte frase dita por Andrew Lang: "um mau analista usa as estatísticas da mesma forma que um bêbado usa postes de iluminação: para se manter de pé, e não para trazer luz às coisas".

Quando chegar aos "fatos", lembre-se dos seguintes pontos-chave:

- Quais fatos usar em uma dada situação é uma questão de escolha por parte dos negociadores – e não uma realidade objetiva e alheia à situação.

- Tente ressaltar a distinção entre fatos puros e fatos interpretados com o outro negociante de forma que seja fácil para ambos entenderem. Fatos interpretados estão presentes em frases como as que se seguem: "eu vejo as coisas dessa forma", "os fatos me parecem dizer o seguinte" e "os fatos falam por si mesmos".

PERGUNTAS PARA FAZER A SI MESMO:

- Quais fatos estão sendo utilizados nesta negociação?
- Quais outros fatos poderiam ser utilizados, e como eu garanto que esses são os melhores fatos que eu posso usar nesta negociação?
- Como eu posso levantar a questão dos fatos para o outro negociador, de forma a não ficarmos presos a esta questão?
- Qual processo de decisão podemos usar, como negociadores, para chegar à decisão mais justa acerca de quais fatos se encaixam melhor com a dada situação?

CAPÍTULO 4

Negociação de salário: por que eles não são os únicos a darem as cartas

Quando a maioria das pessoas pensa sobre negociações de salário, elas tendem a assumir um foco limitado e se concentrar apenas no dinheiro. No entanto, se você pensar além do dinheiro e considerar outros fatores de importância, há várias outras coisas que podem ser valorizadas em negociações de salário.

Considerando isso, há alguns pontos a serem ressaltados quando se negocia um contrato de emprego. Vamos começar por aquele que penso ser o de maior importância. Muitos de nós, ao negociar nosso próprio contrato salarial, somos frequentemente guiados por um medo das consequências desse contrato. Como resultado desse medo, benefícios que estão disponíveis permanecem encobertos porque a maioria das pessoas não os reclama. Grande parte dos futuros empregados diz a si mesmos: "se eu pedir demais, o empregador dirá que não me quer trabalhando para ele." Essa resposta dramática quase nunca ocorre – então, não se renda a esse medo. A razão pela qual você está reunido para negociar um contrato é que o empregador o quer, em alguma medida, para a vaga. É essencial se engajar nesse tipo de negociação com uma aparência confiante, pois essa postura chegará ao empregador. Se você acabar pedindo demais, ele dirá isso sem simplesmente dar o assunto por encerrado e lhe virar as costas.

Como na maioria das transações, estar preparado é o segredo para uma negociação de salário bem-sucedida. Se você não estiver preparado, isso ficará aparente para o futuro empregador e você acabará sentindo que precisa aceitar tudo que ele venha a lhe oferecer. Sendo assim, na fase de preparação, você precisa ter em mente pelo menos quatro aspectos de importância da negociação.

Em primeiro lugar, pense sobre os seus interesses nos termos mais claros possíveis. Faça a si mesmo a seguinte pergunta: "o que mais me importa nesta situação?" Muitas pessoas acabam se concentrando apenas em dinheiro, quando na verdade outros fatores possuem enorme importância. Por exemplo, imagine que você tem dois filhos pequenos e um cônjuge, que também trabalha em tempo integral e que divide com você a tarefa de levá-los e buscá-los na creche. A creche fica a vinte minutos da empresa na qual você está pensando em trabalhar. Você tem certeza de que acabará se atrasando nos dias em que tem que deixar as crianças na creche. Sendo assim, chegar meia hora atrasado nos dias em que tem que deixar as crianças e, em troca, chegar mais cedo ou sair mais tarde em outros dias é importante para você. Em outras palavras, pense sobre horários flexíveis, em benefícios (aqueles dos quais você precisa e aqueles dos quais não precisa) e em outros interesses seus que o empregador pode satisfazer sem ter que ceder demais.

Em segundo lugar, não se apresse em falar sobre dinheiro durante a negociação. Comece por outras questões, construindo uma cumplicidade com o empregador antes de chegar a assuntos mais delicados. Futuros empregadores muitas vezes parecem querer tratar logo de valores para assumir essa questão como resolvida. Mas é importante ter em mente que um trabalho não tem a ver só com dinheiro. Certamente todos têm necessidades financeiras, mas há várias outras coisas a se pensar. Tópicos a se discutir: como é trabalhar para a empresa, como eles podem descrever a cultura organizacional da empresa, se o ambiente de trabalho tem espaço para aqueles que estão constituindo família, quais as medidas adotadas para fortalecer as relações pessoais dentro da empresa, os funcionários têm espaço para construir carreira dentro da empresa? E não se preocupe – nem você nem o empregador vão se esquecer dos aspectos monetários da negociação. Discutindo esses outros aspectos primeiramente, você dará a impressão de que pensou bastante sobre essa oportunidade de emprego e que está tentando se encaixar a ela de várias maneiras.

Em terceiro lugar, é importante ter um medidor para saber quando você deve ou não aceitar uma oferta. Em outras palavras, como você pode saber se o que estão lhe oferecendo é justo ou se você deve pedir mais? Na verdade, há duas alternativas para essa pergunta, alternativas sobre as quais você deve pensar antes de qualquer negociação de emprego. A primeira é entender a sua Melhor Alternativa à Negociação de um Acordo (ou MAANA, famosa expressão disseminada pelo livro *Como chegar ao sim*) e a segunda é buscar exemplos no seu mercado de trabalho.*

* Para maiores informações, ver a seção Leitura Complementar, no final do capítulo 7.

A sua MAANA é a melhor saída à qual recorrer caso você não consiga um acordo com a outra parte de uma negociação. Desse modo, no caso de uma negociação de trabalho, a sua MAANA pode ser simplesmente não aceitar o emprego, sair em busca de outra oferta, entre outras opções. É claro que isso depende do que está à sua espera além dessa negociação em especial.

A segunda alternativa é buscar exemplos no seu mercado de trabalho. Às vezes, uma oferta de salário não é embasada em valores substanciais e acaba se baseando simplesmente no que o empregador *gostaria* de lhe pagar. Em outras palavras, a oferta de trabalho em si não depende da oferta de salário. Quando uma oferta desse tipo é feita, é muito importante que você saiba o quanto pessoas em cargos semelhantes ao seu costumam ganhar, qual o padrão salarial do seu mercado de trabalho e os benefícios normalmente oferecidos. Desse modo, quando o empregador lhe disser que a empresa só oferece duas semanas de férias anuais e você souber que o normal para o seu mercado são quatro semanas, você terá algo em que basear a sua contraproposta.

Em quarto e último lugar, lembre-se de que se espera que esse seja o início de uma longa relação de trabalho, então ninguém – principalmente você – quer se sentir passado pra trás ou pensar que não foi tratado da forma devida. Isso quer dizer que, se você aceitar algo que sabe ser menos do que lhe é justo, considerando os padrões de mercado, você acabará passando todo o seu tempo na empresa lamentando esse acordo. E é bem possível que isso acabe se tornando um "pomo da discórdia" para essa relação.

Resumindo, lembre-se que o mais importante é perguntar, perguntar e perguntar ainda mais durante a negociação de salário. Quando não perguntamos é porque imaginamos que as consequências serão bem piores do que elas são de fato. É essencial que você bata de frente com esse medo. Também não se esqueça de que preparação é o segredo para os seguintes processos:

Pensar em termos claros sobre o que realmente importa para você

Gastar o tempo necessário em outros assuntos sobre a organização da empresa antes de chegar à questão monetária da negociação;

Analisar a sua MAANA e se certificar de que conhece os padrões do seu mercado de trabalho;

Lembrar que, se você sacrificar as coisas de que realmente precisa, o seu novo emprego começará com o pé esquerdo e você acabará carregando ressentimento por um bom tempo;

Por último, deixo uma velha máxima que um amigo meu pendurou em sua porta. A máxima diz: "Se você perguntar e o outro disser 'não', você se sentirá estúpido por cinco minutos. Se você nunca perguntar, você se sentirá estúpido por uma vida inteira!"

Folha de trabalho individual

Todos nós temos que negociar nossos salários em vários pontos de nossas vidas. Você pode fugir dessa situação e aceitar tudo o que lhe oferecem *ou* você pode negociar pelo que é justo e melhor se encaixa aos seus interesses. Eu sugiro a segunda opção.

Comece por essa dica: A palavra "negociação" faz parte do conceito de "negociação de salário". Não tenha medo de negociar nesse contexto. Lembre-se da velha máxima: "Se você perguntar e o outro disser 'não', você se sentirá estúpido por cinco minutos. Se você nunca perguntar, você se sentirá estúpido por uma vida inteira!"

Quando se tratar de negociação de salário, lembre-se desses pontos-chave:

- Preparar-se é o segredo para negociações de salário.
- Certifique-se de encontrar exemplos dos padrões do seu mercado de trabalho. Isso inclui pesquisar sobre os salários normalmente pagos a pessoas em cargos semelhantes ao seu. Se essa informação não estiver disponível na internet, tente falar com amigos que ocupem cargos similares, compreenda os seus históricos de salário e a taxa de aumento que receberam ao longo do tempo.
- Pense mais sobre os seus interesses do que apenas sobre dinheiro – há várias concessões que podem ser feitas nesse contexto e que pouco custarão ao empregador, mas que serão de grande valor para você.
- Se você está em uma empresa em situação financeira complicada e lhe pedem para trabalhar mais sem que haja aumento, peça a projeção de aumentos salariais para o futuro, e a peça por escrito. Ou peça outros benefícios que podem não custar nada à empresa, mas que o recompensem pelo trabalho extra que você está assumindo (por exemplo, horários de

trabalho flexíveis, a possibilidade de trabalhar de casa, entre outros).

- Pergunte a si mesmo o que você realmente quer e o que pensa merecer. Uma vez que você tenha se perguntado isso, não deixe de lado as respostas atingidas.
- Pense sobre a sua MAANA e sobre a do empregador. Não subestime a sua ou superestime a do empregador – um erro comum que você pode evitar conversando com algum colega que faça parte do mesmo mercado de trabalho.

PERGUNTAS PARA FAZER A SI MESMO:

- Como eu posso ser persuasivo frente ao meu atual ou futuro empregador? Como eu posso falar a língua dele enquanto defendo meus próprios interesses?
- Quais outras possibilidades poderiam ser assumidas na minha situação e como eu posso confirmar que essas possibilidades são as que melhor se encaixam nessa situação em particular?
- Qual é a minha MAANA, e há alguma forma de eu incrementá-la? E qual é a MAANA do empregador?

CAPÍTULO 5

Negociando com o chefe: alto, mas ao alcance

Uma análise de negociações no ambiente de trabalho estaria incompleta se o tópico sobre negociar com o chefe não fosse tratado. Esse é sempre um tipo interessante de negociação a se abordar, porque a maioria das pessoas tem aversão a esse tipo de desafio. Na verdade, nós negociamos com nossos chefes o tempo todo. E, é claro, a maioria não enxerga os assuntos que aborda com ele como uma negociação, porque isso parece limitado a discussões sobre dinheiro, folgas ou algo que exija uma conversa formal.

Sem dúvida, é uma arte negociar com o próprio chefe. Se isso não for bem executado, sempre há a possibilidade de se terminar na fila dos desempregados. Mas, caso a negociação seja bem executada, você pode acabar com uma placa de funcionário do mês na sua porta! As ideias a seguir devem ser mantidas em mente quando se vai negociar com o chefe por um aumento, a viabilidade de se completar um projeto na data estipulada ou qualquer outro assunto que você queira discutir com ele.

Muito do sucesso de uma negociação resulta do trabalho feito na fase preparatória do processo. Isso é particularmente importante quando se lida com uma assimetria de poder, como a de um funcionário encarando uma negociação com o seu chefe. Há pelo menos cinco coisas que se deve focar durante essa preparação.

Primeiramente, saiba quais são os seus interesses e o que realmente importa para você. É difícil acreditar que as pessoas investem em uma negociação sem saber o que realmente querem, mas isso acontece a todo momento. Quando alguém sabe com clareza dos seus interesses – ou, no caso, das razões pelas quais está negociando com o seu chefe – há, na maioria das vezes, múltiplos caminhos para se chegar a uma solução. Mantenha-se firme quanto ao seu objetivo final – alcançar seus interesses –, mas seja flexível quanto a como satisfazê-lo.

Em segundo lugar, procure exemplos no seu mercado de trabalho para que possa justificar o seu interesse. É sempre bom afirmar que se deseja algo, mas é ainda melhor dar suporte a esse desejo com fatos e outras informações que seu chefe possa considerar persuasivas. O ato de negociar tem a ver com persuasão e também com que a outra pessoa compreenda o seu ponto de vista.*

Em terceiro, tente pensar como o seu chefe e entender suas restrições. Muito frequentemente, as pessoas investem em uma negociação sem ter considerado com o que a outra parte está tendo de lidar. Isso não envolve concordar com o outro polo envolvido na negociação, mas sim entender a sua perspectiva, para que você possa usar a lin-

* Essa citação é uma frase atribuída a Daniele Vare (diplomata italiana): "Diplomacia é a arte de fazer com que outra pessoa compreenda o seu ponto de vista."

guagem correta a fim de que lhe ofereçam o que está buscando. Por exemplo, se a política da empresa é de que um aumento salarial deve passar pela avaliação de múltiplas partes e que não pode ser aprovado somente pelo seu chefe, pense em como ajudá-lo a vender a ideia para essas outras partes.

Em quarto lugar, reconheça e avalie a diferença de poder existente entre um funcionário e o seu chefe. Os chefes certamente têm algum poder sobre os seus empregados. Não há dúvida sobre isso, mas o que merece ser questionado é onde se encontra esse poder. Um chefe pode demitir um funcionário em um instante, ou tornar sua vida profissional um inferno. Acredite ou não, funcionários também têm algum poder. Por exemplo, não é fácil para um chefe demitir um funcionário. Isso traz diversas consequências. Ele teria que realizar toda uma pesquisa, investir um tempo que poderia estar investindo em outras tarefas e avaliar a capacidade de outras pessoas em desempenhar o cargo em questão. Em outras palavras, os funcionários têm valor para suas empresas, e é por isso que trabalham nelas. Esse valor se transforma no poder de influenciar situações. Tente não se esquecer disso. E ainda: o poder que um chefe possui muitas vezes parece ser maior do que é na prática. Sendo assim, parte do processo de se lidar com poder é dominar o medo que ele pode gerar.

Por último, depois de pensar sobre e executar os quatro processos propostos acima, peça a um colega, amigo ou ao seu cônjuge para encenar a negociação com você por alguns minutos. Tente dizer o que você deseja expor na negociação e peça que a outra pessoa responda como se fosse o seu chefe. Também é importante, principalmente se você for relativamente novo no emprego, perguntar a colegas de trabalho que tipo de negociador o seu chefe é e o que costuma ser persuasivo para ele. As pessoas que melhor sabem disso são as que trabalharam diretamente com ele no passado.

Agora, quando você estiver em meio à negociação de fato, aqui estão algumas outras coisas das quais deve se lembrar:

É possível, ou mesmo provável, que alguma resistência a um pedido surja durante o processo. É claro que ajuda pensar sobre os pontos que podem trazer essa resistência à tona, mas quando estiver em meio a uma negociação e surgir resistência, tente de todas as formas não responder de forma defensiva. Uma boa maneira de se atingir isso é fazer uma pergunta ao seu chefe que ilumine os porquês dessa resistência e que também ofereça o tempo necessário para que os ânimos se acalmem. Além disso, tente perceber, além dessa resistência, os interesses do seu chefe e os motivos para ele estar lhe dizendo não.

As chances de se obter sucesso ao negociar com chefes crescem exponencialmente quando eles conseguem afirmar claramente e com firmeza seus próprios interesses. Ser assertivo é diferente de ser agressivo. Ser assertivo, nesse caso, significa lutar pelos seus interesses e reconhecer que você tem tanto direito a lutar por eles quanto seu chefe. Se a tendência natural é ceder a essa pressão, não tome decisões sobre as quais você irá se arrepender. Perceba se a proposta está abaixo do ideal e, sendo assim, peça tempo para pensar sobre ela. Lembre-se de que qualquer coisa com a qual você concorde deve se encaixar aos seus interesses, ou então você já estará arrependido no momento em que deixar a sala de reuniões.

Por último, o que seria de uma negociação com uma parte mais poderosa sem que se considerasse por algum tempo a sua MAANA (ou Melhor Alternativa à Negociação de um Acordo). Para entender a sua MAANA, é necessário pensar de forma clara sobre o que você está disposto a fazer caso não tenha sucesso em uma dada negociação. Pediria demissão, entraria em greve, bateria de frente com a decisão do seu chefe, organizaria junto a seus colegas de trabalho uma reunião com o chefe? Se você perceber que tem uma alternativa viável, você agora elevou a negociação a um outro nível.

Negociar com o chefe é um desafio trabalhoso, ladeira acima, mas que pode ser cumprido efetivamente. As dicas de preparo e as instruções para o processo irão lhe ajudar a superar os altos e baixos desse tipo de negociação.

Folha de trabalho individual

Negociar com os nossos chefes é algo que temos de fazer de tempos em tempos, e podemos simplesmente temer a tarefa ou encará-la. Quando você tem aversão a algo, raramente as coisas correm bem. Então vamos logo à essência desse tipo de negociação, encarando-a como um desafio a ser superado.

Comece por essa dica: São grandes as chances de que, se você precisa negociar com o seu chefe sobre algo, o assunto em questão seja da maior importância. Lembre-se dessa realidade e de que é bem possível que o seu chefe precise de você tanto quanto você precisa dele.

Quando se tratar de negociar com o seu chefe, lembre-se desses pontos-chave:

- Não se esqueça de que você negocia (informalmente) com o seu chefe o tempo todo. Pense de forma ampla sobre negociações nesse contexto, pois isso lhe dará a confiança para lidar com essas negociações.
- Pense nas vezes em que trabalhou de forma eficiente com o seu chefe e sobre como conseguiu isso. Traga à tona esses episódios que se mostraram eficazes e use-os nessa situação.
- Você agrega certos valores a sua empresa, talvez desempenhe certas tarefas que ninguém realiza tão bem quanto você. Lembre-se de como isso contribuiu positivamente para a sua empresa e pense em como inseri-las nas negociações.
- Pratique com um colega, amigo ou com o seu cônjuge o que pretende dizer e por que está pedindo determinada coisa. Faça com que seu parceiro nessa atividade responda como se fosse o seu chefe e lhe ajude a aparar as arestas do seu pedido.

PERGUNTAS PARA FAZER A SI MESMO:

- Como posso afirmar de forma eficaz minhas necessidades, diante da relação assimétrica de poder que possuo com o meu chefe?
- Estou perfeitamente consciente dos meus interesses, de por que eles são tão importantes (quer dizer,

de forma lógica e razoável) para mim e de como inseri-los na negociação?

- O que o meu chefe valoriza em mim e como eu posso usar isso de forma persuasiva frente a ele? Como posso utilizar as palavras que *ele* disse no passado para fortalecer meu caso?
- Que fontes de poder eu tenho nesse contexto e como eu posso utilizá-las para me ajudar na negociação?
- Há restrições quanto ao que estou pedindo que vão além do poder do chefe? Em outras palavras, há pessoas das quais ele precisa da aprovação para atender meu pedido? E, caso haja, eu posso ajudá-lo a levar a questão para essas outras pessoas?
- Se o meu chefe me provocar ou pressionar de alguma maneira, eu estou preparado para lidar com essa situação da melhor forma possível?

CAPÍTULO 6

Negociando no mundo virtual: o que se deve e o que não se deve fazer e outras coisas a se considerar em negociações virtuais

Vivemos em um admirável mundo novo – um mundo que possui todo tipo de desafio quanto a trabalhos a longas distâncias. Desde que as companhias se globalizaram, o mundo encolheu de várias maneiras. Isso, por sua vez, veio a nos inserir em todo tipo de novas e incomparáveis situações de negociação. Negociações que sequer imaginávamos vieram à tona. Negociações se tornaram possíveis através de ferramentas básicas como o e-mail ou veículos sofisticados como as videoconferências.

O ato de negociar por esses meios virtuais se difere das tradicionais negociações frente a frente. A seguir, estão algumas dicas sobre o que se deve e o que não se deve fazer nessas negociações virtuais.

O que se deve fazer:

Tenha algumas diretrizes quanto ao uso de e-mail. O e-mail é, colocando de forma simples, uma via de comunicação medíocre quanto à qualidade para entendimento. A via de regra para o e-mail é que, se ele pode ser mal entendido, ele será. Ter algumas diretrizes quanto a quando se deve usar o e-mail e quando se deve deixá-lo de lado para o uso de outras ferramentas, como o telefone ou as videoconferências, é um passo importante para eliminar esses mal-entendidos e manter suas expectativas com o pé no chão.

Esforce-se para encontrar pessoalmente as outras partes da negociação ao menos uma vez. Ainda que isso possa ser complicado, é realmente importante tentar se encontrar pessoalmente com as outras partes da negociação ao menos uma vez, de forma a construir relações mais pessoais. Quanto mais tempo você investir em estar pessoalmente com as outras partes da negociação, mais à vontade vocês irão se sentir para negociar. Pense nisso como um investimento nas suas relações de trabalho que lhe trará frutos ao longo do tempo.

Aprenda sobre o outro, sobre sua trajetória e sobre o que lhe é importante. Tome um tempo para realmente compreender o outro, seus hábitos de trabalho e de vivência no geral, e para compreender o que é importante para ele. Invista em alguns "rituais" para o uso de e-mail ou outras vias de comunicação virtual, como iniciar suas conversas com um cumprimento mais pessoal ou uma pergunta sobre como estão indo as coisas.

Perceba como o e-mail ou os outros meios virtuais podem lhe favorecer e dê espaço para que as outras partes

da negociação possam lhe dizer como realmente se sentem. As pessoas ganham coragem quando estão atrás de um monitor e dizem ou fazem coisas que nunca fariam pessoalmente. Essa é uma ótima oportunidade para que elas se sintam à vontade e suas reais personalidades venham à tona. Contudo, não se deixe ir longe demais. Um bom ponto de partida para não exceder limites é se perguntar: "Eu diria isso pessoalmente para a outra parte envolvida na negociação?" Caso a resposta seja negativa, eis um indicador para se repensar a mensagem até que ela consista no que se diria ou faria normalmente.

Faça uso das vantagens que as tecnologias podem oferecer para controlar os ânimos em negociações virtuais. Há várias formas de se controlar os ânimos em negociações virtuais. Deixar o computador de lado por algum tempo, ou salvar o documento como rascunho para retornar a ele quando se estiver de cabeça fresca, são boas práticas com as quais se pode tirar vantagem em momentos de estresse.

O que não se deve fazer:

Não se deixe ser vítima dos mal-entendidos que costumam ocorrer em negociações por e-mail e por outras tecnologias virtuais. No mundo virtual, as pessoas presumem muito mais coisas que pessoalmente e acabam mal interpretando mensagens e vontades de um modo que não costuma acontecer quando se está negociando pela palavra falada ou mesmo por cartas. Devido a esse fato, o e-mail deve ser usado apenas para conversas simples, para confirmar o entendimento da outra parte da negociação frente a discussões ou acordos ou para resumir encontros realizados. Em outras palavras, para comunicação básica. No momento em que uma negociação começar a se complicar devido ao uso do e-mail, deixe essa via de comunicação de lado e pegue o telefone. Ou encontre vias mais sofisticadas de se comunicar para eliminar todos os mal-entendidos possíveis.

Não se esqueça de que há várias culturas ao redor do mundo que não irão negociar com você até que o encontrem pessoalmente e venham a confiar em você. Entenda desde já que negociar com integrantes de culturas que valorizam o contato frente a frente é algo muito complicado no mundo virtual. Enquanto alguns estarão dispostos a firmar certos laços por e-mail, haverá de tempos em tempos, principalmente em momentos difíceis da negociação, uma dúvida pairando sobre suas cabeças, que talvez venha a colocar todo o processo em risco. Uma estratégia mais eficaz é investir tempo e dinheiro e encontrar esses negociantes pessoalmente. Depois desse encontro, as negociações irão fluir melhor, e, quando houver algum tipo de complicação, você poderá se valer do fato de já as ter conhecido pessoalmente.

Não se deixe levar pela tendência de responder e-mails rapidamente, sem pensar direito. É muito comum que negociações virtuais se deem de forma veloz e impensada. Isso costuma ocorrer quando se reage impulsivamente ao que é lido em e-mails. O segredo para não se meter os pés pelas mãos é não ser imediatista na hora de responder ou reagir a mensagens, qualquer que seja a situação.

Resumindo, negociar virtualmente é uma parte do ambiente de trabalho da qual não se pode escapar. Se você sabe como reagir nas esferas virtuais, você consegue eliminar muitos dos possíveis problemas que elas envolvem, sendo bem-sucedido nessas negociações à distância. Mas você deve reconhecer que esse é um mundo particular, que requer modos de se pensar distintos dos que são utilizados nas negociações tradicionais.

Folha de trabalho individual

Quem iria imaginar, há quinze anos atrás, que eu sentaria na minha mesa de trabalho nos Estados Unidos e negociaria com pessoas ao redor do mundo? Que sorte a minha ou que enorme azar, caso não saiba como fazer isso bem! E há várias armadilhas com as quais se preocupar.

Comece por essa dica: Simplificando, a regra de ouro das negociações virtuais deve ser: se você não diria algo pessoalmente em uma negociação, não o diga em uma negociação virtual.

Quando se tratar de negociações virtuais, lembre-se dos seguintes pontos-chave:

- Tudo que pode ser mal-entendido em uma negociação virtual será mal-entendido. Parta desse princípio.

- Assuma uma postura compreensiva frente às outras partes envolvidas na negociação. Se você receber um e-mail atabalhoado, responda com uma pergunta que busque esclarecer as coisas (isto é, uma pergunta que busque mais informações ou que procure esclarecer qual a intenção do remetente). Tente perguntar: "Quando você afirmou o seguinte no seu e-mail, o que você queria dizer?"
- Tome tempo para responder a e-mails. Dê uma pausa antes de clicar no botão de envio. E se você conseguir que algum colega revise o e-mail e confira se o tom é adequado para a situação ou se há algum outro problema, melhor ainda.
- Esclareça diretrizes junto às outras partes envolvidas na negociação sobre como vocês irão utilizar o e-mail durante o processo. Por exemplo, algumas diretrizes podem ser: 1. "Só utilizaremos o e-mail para resumir nossas conversas, que serão feitas por telefone."; 2. "Concordamos em confirmar nossas suposições uns com os outros e fazer perguntas que esclareçam o processo, caso alguma das partes se irrite ou fique frustrada com algo que seja dito."; 3. "Concordamos em nunca responder de forma imediatista e pensar bastante sobre o que iremos dizer em nossos e-mails."; 4. "Todos concordaram em utilizar o e-mail de maneira mais formal – da mesma forma que faríamos ao escrever uma carta."
- Evite ao máximo o uso de palavras ou expressões ambíguas e tente dar ênfase ao que você de fato quer transmitir, pois muitas vezes esse sentido se perde em meios de comunicação virtual.

PERGUNTAS PARA FAZER A SI MESMO:

- O que estou assumindo ou percebendo dos assuntos que estão sendo tratados nos e-mails ou em outras vias de comunicação virtual? Como eu posso confirmar o que estou considerando antes de dar minha resposta?
- Como eu posso estreitar os laços frente à pessoa com a qual estou tendo de trabalhar por meios virtuais? Como enviar sinais quanto a esse meu desejo de estreitar laços?
- De que forma nossos hábitos e culturas estão afetando nossas negociações virtuais? Há algo que eu possa fazer quanto a isso? Há alguém que possa consultar acerca desse desafio?
- É hora de investir recursos em uma viagem e encontrar pessoalmente a outra parte envolvida na negociação? Esse será um investimento pesado a curto prazo, mas os frutos colhidos no futuro poderão compensá-lo.

CAPÍTULO 7

Conclusão e leituras complementares

Negociar no trabalho é uma ação repleta de desafios e armadilhas. Contudo, muitas situações recorrentes de negociação podem ser bem encaradas com alguma reflexão e preparo. Talvez um dos maiores desafios esteja na mentalidade que colocamos sobre a mesa e nas nossas pré-concepções sobre o que é e não é possível. "Como é que eu poderia negociar com os meus chefes se eles obviamente têm poder sobre mim?" "Se eu pedir demais eles certamente pensarão que eu sou ganancioso e não me darão a vaga!" Essas são questões e medos reais que passam por nossas cabeças enquanto negociamos no trabalho. No entanto, não podemos fugir do fato de que negociar no trabalho faz parte do trajeto. Se alguém não desenvolve suas capacidades nessa esfera, é quase certo que essa pessoa será deixada para trás enquanto o mundo do trabalho continua a evoluir ou, o que é ainda pior, que essa pessoa nunca atingirá seu verdadeiro potencial por não possuir as habilidades de negociação necessárias para ser bem-sucedida no mundo de hoje.

É claro que existem vários tópicos e assuntos relacionados a negociações no ambiente de trabalho que não foram abordados nos capítulos anteriores. O que você irá perceber, contudo, é que as habilidades e ferramentas mencionadas ao longo desses capítulos formam a base do que você precisa saber a fim de negociar nessa esfera. Trilhando o seu caminho por essas negociações, você irá notar questões semelhantes e padrões vindo à tona. Quanto mais você se engajar nesses processos partindo de uma perspectiva de negociação, mais fácil será lidar com eles.

Leituras complementares

Fisher, Roger; Patton, Bruce; Ury, William. *Como chegar ao sim: a negociação de acordos sem concessões*. Rio de Janeiro: Imago, 2005.

Lax, David; Sebenius, James K. *The Manager as Negotiator: Bargaining for Cooperation and Competitive Gain*. Nova York: Free Press, 1986.

Lax, David; Sabenius, James K. *3-D Negotiation: Powerful Tools to Change the Game in Your Most Important Deals*. Cambridge: Harvard Business School Press, 2006.

Mnookin, Robert H.; Scott R. Peppet; Tulumello, Andrew S. *Beyond Winning: Negotiating to Create Value in Deals and Disputes*. Harvard University Press, 2000.

Stone, Douglas; Patton, Bruce; Heen, Sheila. *Difficult Conversations: How to Discuss What Matters Most*. Nova York: Penguin Books, 1999.

Thompson, Leigh. *The Heart and Mind of the Negotiator*. Upper Saddle River: Prentice Hall, 2004.

Wheeler, Michael. *Harvard Business Essentials—Negotiation*. Cambridge: Harvard Business School Pres, 2006.

PARTE II

O negociador em você dentro de casa

CAPÍTULO 8

Introdução

Negociar em casa é algo em que nos engajamos diariamente, e ainda assim muitos não o percebem. Maridos e esposas negociam, pais negociam – bastante – com seus filhos, e todos nós negociamos, de alguma maneira, com nossos tios malucos durante os feriados ou em outros eventos de família. É interessante notar que é exatamente em casa que começamos a aprender as habilidades relacionadas ao ato de negociar. Como explica Jane Mersky Leder: "É com nossos irmãos que nós aprendemos a amar, compartilhar, negociar, começar e terminar brigas, machucar os outros e salvar a nossa pele. As bases que temos (ou não) para construir relações saudáveis durante a vida adulta são construídas na infância."*

Agora que estabelecemos, ao menos por alto, que negociar em casa é importante por várias razões, o que faz com que esse tipo de negociação seja tão complicado? Os tópicos a seguir reafirmam o contexto desafiador de se negociar em casa.

---

* Leder, Jane Mersky. Brothers and Sisters. New York: St. Martin's Press, 1991.

Em primeiro lugar e talvez principalmente, nós não costumamos valorizar as pessoas que nos são mais próximas. Enquanto a maioria de nós ama incondicionalmente nossos familiares, nós muitas vezes os tratamos pior do que a estranhos. Não que façamos isso conscientemente. Nós apenas temos a certeza de que a família permanecerá ao nosso lado nos melhores e piores momentos. Sendo assim, dizemos e fazemos coisas àqueles que são mais próximos de nós sem pensar ou acreditamos que, no final das contas, há mais chances de eles nos perdoarem que qualquer outra pessoa. Isso se reflete na esfera de negociação, pois o ato de negociar requer que se pense de forma cuidadosa e que se arquitete a situação de maneira adequada, e esses dois movimentos parecem ir por água abaixo quando nos colocamos em uma posição cômoda demais. Afirmar isso pode ser generalizar em algum grau, mas essa dinâmica é muitas vezes percebida quando se negocia em casa, e devemos estar atentos a esse problema.

Em segundo lugar, negociar em casa é muito diferente de negociar no trabalho ou em outras esferas, mas muitos de nós transferimos as abordagens entre essas diferentes realidades quando se trata de um mesmo contexto. No trabalho, por exemplo, nós podemos ser forçados a tomar rápidas decisões enquanto estamos sob pressão ou lidar com prazos apertados. Se essa dinâmica é algo que vivemos constantemente em nossos empregos, podemos acabar levando esses assuntos para casa, quando isso é completamente desnecessário. Ou acabamos nos tornando impacientes quanto a um processo de negociação dentro de casa porque não conseguimos chegar a uma solução, quando na verdade não há nada que nos force a apressar as coisas.

Por último, enquanto conflitos entre diferentes personalidades existem no ambiente de trabalho e na vida em geral, a proximidade que o ambiente da casa coloca pode aumentar esse problema e fazer crescer a lista, que já é bem longa, de desafios ao se negociar nessa esfera. No trabalho, por exemplo, nós podemos escolher evitar um colega com o qual não trabalhamos diretamente e que tem uma personalidade diferente da nossa. Tente fazer isso em casa. Não é possível e ainda costuma complicar bastante os movimentos de negociação.

O restante desta seção foca em um número de negociações variadas que ocorrem no lar. O primeiro capítulo da seção dá atenção ao impacto emocional sobre as negociações. Esse impacto atinge também outros contextos de transação, mas ele é de extrema relevância quando se está tratando de negociações na esfera do lar. O segundo capítulo trata de um outro importante desafio para famílias: as chamadas negociações geracionais. Essa prática costuma estar baseada em valores enraizados que ajudam a construir as perspectivas de cada um. O capítulo seguinte investiga as questões de gênero nas negociações, que são essenciais para que se entenda muitas das transações que ocorrem na esfera do lar. O quarto capítulo está relacionado a negociações geracionais e entre gêneros, mas oferecendo maiores nuanças a aspectos intangíveis que subjazem a muitas negociações. Os dois últimos capítulos desta seção tratam de tipos de negociação que encaramos com frequência, respectivamente o ato de negociar em reuniões de família e as transações que temos de ter com nossos filhos – na sua infância e depois na adolescência. Nada como terminar esta seção com um assunto fácil de se lidar!

CAPÍTULO 9

O fator emocional nas negociações: ei, amigo, pegue leve

Certa vez, alguém me disse: "Independente do que você fizer, tenha certeza de manter as emoções fora dos processos de negociação." Aprendi que esse é um dos piores conselhos que já recebi. Por que eu afirmaria isso? Os motivos me parecem bem claros. O problema é que negociações são esforços que requerem emoção e lógica. Não se pode simplesmente excluir um desses elementos do processo. Para ilustrar esse fato, imagine que lhe dissessem o oposto: "Ei, tenha certeza de manter a lógica de fora das suas negociações!" O quão absurdo isso lhe soaria! Então, se não podemos cortar as emoções dessa equação, o que fazemos com elas e como podemos integrá-las ao ato de negociar de forma produtiva?

Uma ideia, mais útil para nós que tentar eliminar as emoções do processo, é pensar sobre como lidar com os fatores emocionais da negociação de forma efetiva. Você poderia ficar surpreso ao saber que nossas emoções podem nos servir de auxílio, ajudando-nos a afirmar com paixão certos pontos e ressaltar a importância de vários assuntos da negociação. Até aqui, falamos sobre isso apenas de forma abstrata. Considere a seguinte situação.

"Ah, não!", foi o primeiro pensamento que passou pela cabeça de Tom. "Lá vamos nós novamente. Eu odeio isso tudo!" Olhando a pasta que ela tinha atirado contra a mesa, Amy fez um comentário ácido acerca do grande investimento que os dois tinham feito no projeto de um condomínio na Flórida – movimento com o qual ambos concordaram, baseados nas pesquisas de Tom –, projeto que estava indo por água abaixo com a recessão econômica, transformando o investimento em dinheiro jogado fora. Da perspectiva de Amy, a culpa era de Tom. Tom sentiu o sangue vir à cabeça, e todo aquele nervosismo que ele odiava estava de volta.

Dessa vez, Tom estava preparado. Ele respirou fundo, fechou os olhos por alguns instantes e se imaginou em uma encosta olhando o oceano. Conforme as ondas batiam, ele sentiu o sangue que lhe subia à cabeça descer aos poucos e o sentimento de tensão se abater lentamente. Ao abrir os olhos, estava calmo novamente. "Amy", disse Tom, "há muita culpa que poderíamos remoer. Gostando ou não, estamos nessa juntos e ambos contribuímos para esse problema. Vamos arregaçar as mangas e pensar sobre como podemos resolver esse problema sem ficar acusando um ao outro. Tudo bem?" Amy, levemente chocada por ser Tom quem normalmente discutia aos berros, nunca havia colocado as coisas dessa forma. Ela se desculpou por culpar Tom e por perder o controle e passou a se esforçar para resolver o problema.

O que aconteceu aqui foi que Tom aprendeu a controlar suas emoções no calor do momento, transformando uma situação potencialmente destrutiva em uma situação produtiva. Como ele conseguiu fazer isso e como você também poderia?

Antes de entrar em detalhes, os melhores negociadores não apenas conhecem bem os interesses, a situação atual e o temperamento das outras partes envolvidas na negociação, como também passam um bom tempo tentando entender a si mesmos. Esse é o caso quando se tratam dos aspectos emocionais de uma negociação. Só depois de conhecer a si mesmo você pode esperar ser persuasivo e confiante frente a outros negociantes. Aqui estão algumas dicas para lhe ajudar no processo de lidar com suas emoções durante processos de negociação – principalmente quando as coisas estiverem quentes.

Em primeiro lugar, lembre-se de parar e tomar um tempo para o seu corpo e suas ideias. Não reaja sem pensar, independentemente da situação. Se você não sabe o que dizer ou está estressado, não diga nada! O silêncio é algo precioso. Se você disser algo quando estiver de cabeça quente, é possível que isso só piore as coisas e você acabe indo contra seus próprios interesses. Ao tomar um tempo, você pode dar um passo para trás das suas emoções, conduzir sua reação e responder ao que de fato importa na questão.

Em segundo lugar, saiba o que costuma trazer suas emoções à tona. Quais são as coisas ditas ou feitas pelas outras pessoas envolvidas com você em negociações que realmente lhe irritam? A maioria de nós sabe quais são essas coisas, então tente se preparar para elas. Quando elas surgirem, você estará preparado, podendo dar um passo para trás e tomar um tempo para lidar com suas emoções sem ser dominado por elas.

Terceiro, tenha certeza de que suas palavras condizem com os seus atos. Nada deixará tão claro para o outro que você não consegue lidar com suas emoções quanto a incoerência entre seus comportamentos (quer dizer, postura corporal, manter contato com os olhos etc) e o que você afirma verbalmente.

Quarto, pense com cuidado não só sobre o que dizer, mas também sobre como dizer. Se você se sente inseguro no momento, peça um tempo para meditar sobre o melhor modo de colocar as coisas ou peça uma pausa e ligue para um amigo para buscar uma saída. Se você não der tanta atenção a como irá dizer algo quanto dá ao que irá dizer, você provavelmente terminará em uma baita confusão.

Em quinto lugar, muito de se lidar com as próprias emoções tem a ver com controlar expectativas. É melhor se engajar em negociações esperando alguma resistência quanto às necessidades íntimas que você trouxer à tona. Se você assumir essa abordagem com segurança, será muito mais fácil lidar com os desafios que venham a colocar. E será sempre uma surpresa prazerosa quando, no final das contas, nenhuma questão for levantada.

Emoções exacerbadas também podem ser resultado direto de estresse, afetando a habilidade de se tomar decisões de forma prudente e de se pesar riscos. Sendo assim, pense em lidar com suas emoções de forma a evitar estresse e tomar a melhor decisão possível para o assunto em questão.

Para finalizar, estabeleça com cuidado como irá trabalhar o processo de negociação. As pessoas se mantêm concentradas em um assunto por um período máximo que vai de 45 a 60 minutos, então desenvolva uma prática para as suas negociações que envolva pausas e que garanta a atenção e o envolvimento das outras partes. Se as suas negociações parecerem maratonas, é bem mais provável que as emoções fiquem à flor da pele, que as pessoas sejam rapidamente dominadas pelo emocional e percam de vista as coisas que estão tentando atingir.*

Folha de trabalho individual

Muitas vezes somos aconselhados a deixar as emoções de fora dos processos de negociação. Mas, como deve ter ficado claro até aqui, seguir esse conselho simplesmente não é possível. As emoções fazem parte das negociações assim como a lógica, e ninguém pensa em deixar a lógica de fora do processo! Sendo assim, a questão passa a ser de que forma lidar com as emoções para aproveitar seu potencial, sem deixar que elas o dominem.

Comece por essa dica: O fator emocional é um indicador da importância de determinado assunto em uma negociação. Quando o emocional vem à tona, precisamos admitir que o assunto em questão possui uma importância considerável para nós. Se partirmos dessa ideia, as emoções serão bem-vindas, podendo até nos ajudar a encontrar nossa via para lidar com a negociação.

---

* Mather, M. and N. R. Lighthall. "Risk and Reward are Processed Differently in Decision Makeing". *Current Directions in Psychological Science*, 21 (I0: 36 DOI, 2002.

Quando se tratar do fator emocional em negociações, lembre-se dos seguintes pontos-chave:

- Mantenha suas emoções sob controle, caso contrário elas terão controle sobre você. Para fazer isso, você precisa perceber quando suas emoções estão à flor da pele, dar um passo para trás a fim de ter uma melhor ideia da situação e entender suas emoções e só depois, quando estiver se sentindo mais seguro para se envolver com o assunto, retomar a discussão.
- Vai lhe fazer bem tomar, de tempos em tempos, uma distância entre você e suas emoções, de forma a entendê-las e assim lidar melhor com elas. Isso requer identificar seus sentimentos, pensar sobre o que está sentindo e sobre o porquê de estar dessa maneira.
- Quando suas emoções tomarem a frente da situação, tenha uma técnica para se lembrar de que isso está acontecendo e para lidar com elas de forma eficaz.
- Quando as emoções estiverem à flor da pele, tome um tempo ou fique em silêncio, mas, acima de tudo, não faça concessões: você provavelmente vai se arrepender delas mais tarde.

PERGUNTAS PARA FAZER A SI MESMO:

- Por que eu acho que estou com as emoções exaltadas? O que exatamente está fazendo com que elas tomem a frente da situação?

- O que estou sentindo e por que estou me sentindo assim? É algo que o outro negociante está fazendo, é apenas mau-humor ou estou transferindo as coisas (quer dizer, essa é uma situação similar a outra que vivi anteriormente e que não terminou bem)?
- Enquanto invisto nessa negociação, que fatos costumam balançar o meu emocional? Como posso estar preparado para lidar com elas?
- Qual técnica vou usar para ter certeza de que minhas emoções não levem a melhor sobre mim?

CAPÍTULO 10

Negociações geracionais: o que é isso, meu filho?

Em 1990, um acadêmico chamado Raymond Cohen escreveu um livro, *Culture and Conflict in Egyptioan Israeli Relations: A Dialogue of the Deaf*, sobre o processo de negociação entre Israel e Egito em Camp David. O livro narra como o processo parecia um diálogo entre surdos, já que, em boa parte do tempo, ambas as partes expunham o que pensavam sem ouvir o que a outra parte dizia.[*] A mesma ideia de um diálogo entre surdos pode ser aplicada a negociações geracionais (quer dizer, entre diferentes gerações).

Às vezes, pessoas de gerações distintas podem não só parecer que são de diferentes gerações, mas também que são de diferentes planetas. Quando você tem uma perspectiva que é clara e significantemente distinta de uma pessoa de outra geração, como lidar com isso durante um processo de negociação?

Um estudo realizado na Universidade de Wisconsin indica que a maioria das negociações geracionais e de

[*] Cohen, R. Culture and Conflict in Egyptian-Israeli Relations: A Dialogue of the Deaf. Indiana University Press, Indiana: 1990.

seus problemas surgem das diferenças de valores. O estudo diz que entender os valores de geração e como eles se desenvolveram pode ajudar as pessoas a lidar melhor com essas diferenças e transpor os limites.* Há muitos lugares nos quais negociações geracionais ocorrem e onde diferentes valores são a base do desafio. Aqui estão algumas questões sobre valores que costumam levar a dilemas em negociações.

Em primeiro lugar, a Geração X (a que engloba pessoas na faixa dos trinta e quarenta anos) e a Geração Y (a que engloba aqueles que vivem o término da adolescência e os que estão na faixa dos vinte anos) querem muito feedback acerca de quem são e como desempenham as tarefas que lhes são dadas, mas de forma que esse feedback lhes chegue impregnado de estímulo e positividade. Reciprocamente, os *Baby Boomers* (aqueles que estão na faixa dos sessenta e setenta anos) costumam estar mais dispostos a oferecer feedback, mas isso normalmente significa dizer à outra pessoa tudo que ela está fazendo de errado.

Em segundo lugar, gerações mais velhas definem lealdade como se manter em um emprego ou em um relacionamento até que chegue a aposentadoria ou até que seu companheiro venha a falecer. Contudo, gerações mais novas definem lealdade como investir 110% nas tarefas com as quais estão envolvidas, mas elas seguem em frente quando sentem que é a hora.

* Benson, J. & Brown, M. (2011). "Generational Differences at Work: Do they Matter?" *International Journal of Human Resource Management*, 22 (9), 1843-1865.

Em terceiro, gerações X e Y têm uma ideia própria sobre respeito. Elas valorizam respeito, mas pensam que ele deve ser conquistado e que os méritos que ele envolve devem condizer com a forma pela qual enxergam o mundo. *Baby Boomers* costumam encarar respeito como algo que deve ser garantido aos mais velhos e àqueles que cumprem ou já cumpriram seu papel social.

Agora que parte dos valores contrastantes entre as gerações foi esclarecida, quais os meios pelos quais você pode transpor essas diferenças na hora de negociar?

Primeiramente, o aprendizado em duas vias é essencial durante negociações geracionais. É interessante que pessoas de gerações distintas pensem que é sempre a outra parte que deve tentar aprender as *suas* normas de geração. Apesar de serem mais novas, as gerações X e Y têm algumas habilidades que os *Baby Boomers* podem aprender, e vice-versa. Se os *Baby Boomers* demonstrarem abertura para aprender algumas habilidades de seus amigos mais jovens, é quase certo que as gerações mais novas também irão demonstrar interesse em aprender com os *Baby Boomers*. De várias maneiras, esse movimento também tem a ver com respeito.

Em segundo lugar, o ponto positivo desses valores nos quais se baseiam diferentes gerações é que eles não costumam ser os mesmos. O que eu quero dizer com isso é que para satisfazer os valores que servem de base à minha perspectiva, eu preciso que eles não entrem em conflito com os seus. Há várias formas de honrar os seus próprios valores sem desrespeitar as pessoas. Na verdade, exatamente por você lidar com tarefas e valores de um modo diferente do que fazem outras pessoas, essa pode ser uma oportunidade para investir em uma forma criativa de colaboração.

Em terceiro, tente pensar em diferenças geracionais da forma como pensa em diferenças culturais. Quando as coisas são vistas desse modo, previne-se que uma geração ache que a outra deve simplesmente "fazer as coisas do meu jeito". Comparativamente, se você está negociando com alguém do Japão, você não pensa "eles deviam mudar sua forma de agir para responder aos meus interesses". (Se você pensa dessa maneira, boa sorte!) Em vez disso, você parte da ideia de que as pessoas no Japão simplesmente fazem as coisas de forma diferente de você. Essa é uma boa maneira de se pensar também quanto a negociações geracionais.

Falando em gerações desconexas, para os que não sabem, "brb" significa *be right back* ("volto já"), "lol" significa *laugh out loud* ("rindo alto") e "imho" significa *in my humble opinion* ("na minha humilde opinião").

Folha de trabalho individual

Gerações vêm e vão, gerações se sobrepõem com muitos lapsos de entendimento. Quando isso ocorre, negociar é necessário, mas nem sempre fácil. O que uma geração valoriza é diferente do que outra valoriza. Até mesmo a forma de frutos de uma geração agir ou enxergar o mundo varia entre gerações. Esses são os desafios encontrados em negociações geracionais.

Comece por essa dica: Negociações geracionais quase sempre têm a ver com diferentes valores que comumente enxergamos como conflitantes ou contraditórios. Esse pode ou não ser o caso. Mais importante, o fator "respeito" costuma se manifestar na maioria das negociações geracionais. Tente perceber esse fator, notando como ele vem à tona e gera impacto na situação.

Quando se tratar de negociações geracionais, considere esses pontos-chave:

- Perceba a questão do respeito como o lugar no qual valores divergem de geração a geração.
- Considere primeiramente questões intangíveis em negociações geracionais. Pode parecer que a negociação é sobre o uso do carro, mas é bem provável que haja algo acontecendo sob os panos.
- Tente se colocar no lugar das pessoas que vêm de uma geração diferente para entender o mundo no qual elas vivem ou viveram. Busque na memória e em experiências por pistas sobre como elas veem o mundo e o papel de cada um nele. Por exemplo, seus avós cresceram em um mundo que não tinha computadores, pelo menos em grande parte de suas vidas. Isso pode ser difícil de imaginar para os jovens de hoje, mas era a dura realidade das gerações anteriores.
- Lembre-se das realidades atuais e das que se viviam no passado. Considere que seus pais ou avós provavelmente passaram boa parte de suas vidas trabalhando em uma mesma empresa. Essa é uma ideia estranha para pessoas mais jovens.

PERGUNTAS PARA FAZER A SI MESMO:

- Considerando que sou parte de uma dada geração, estou partindo de certas suposições para esta negociação. Quais são elas?
- Como eu enxergo certos conceitos relacionados a valores, como respeito, e como a outra pessoa os enxerga? Nossas perspectivas são necessariamente incompatíveis? Há alguma parte do que ela acredita que tem a ver com o que eu penso?
- Como era o mundo no qual a outra pessoa vivia e como esse diferente ponto de partida está influenciando a negociação?
- A questão principal de nossa negociação é algo tangível ou na verdade se trata de algo intangível, como dignidade ou respeito?

CAPÍTULO 11

Gênero e negociação: Marte e Vênus sentados à mesa

"Quando homens e mulheres concordam, eles concordam apenas sobre suas conclusões; suas razões sempre são diferentes."

– GEORGE SANTAYANA

As diferenças de gênero se inserem em várias esferas de nossas vidas, e, com as negociações, certamente não é diferente. *Como* questões de gênero afetam negociações é uma velha questão com algumas respostas interessantes já descobertas. Muitas dessas respostas vão lhe surpreender.

Dito isso, o que pode ser revelado sobre a relação entre gênero e negociações? Uma coisa certa é que há muitos estereótipos e mitos quando se trata desse assunto. Homens são negociadores de maior firmeza. Mulheres precisam agir como homens na mesa de negociação para serem eficientes. Não, não e não!

Outra coisa que podemos dizer é que além das reais divergências entre homens e mulheres, as perspectivas que homens e mulheres trazem à mesa de negociação são tão importantes quanto quaisquer diferenças existentes. Muitos estudos foram feitos e concluíram que há *poucas* diferenças na forma como homens e mulheres negociam. O modo como esses estudos foram feitos e a falta de evidências desses estudos já são algo interessante.

Para chegarmos ao cerne da questão, quem melhor que duas mulheres para nos dar respostas. Em 2003, Linda Babcock e Sara Laschever publicaram um livro chamado *Women Don't Ask: Negotiation and the Gender Divide*, no qual elas ressaltam as distinções fundamentais entre homens e mulheres como negociadores.* Por favor, lembre-se de que essas são generalizações e de que há sempre muitas exceções às regras que se seguem. Além disso, cada um dos elementos listados abaixo pode ser vantajoso ou prejudicial dependendo das circunstâncias. Por último, esses pontos são traçados por uma perspectiva que parte da postura das mulheres e chega à postura dos homens, através de um movimento de contraposição. Aqui estão as principais diferenças.

> Mulheres costumam aceitar com maior facilidade o que lhes é colocado em uma negociação do que homens. Mulheres não pedem mais porque não esperam que seja uma via de mão dupla, na qual ambas as partes podem fazer suas exigências, mas uma única oferta.
>
> A partir de estudos feitos com colegas de faculdade, as autoras descobriram que mulheres tendem a ter menores expectativas quando se engajam em negociações, e, sendo assim, são mais modestas no que pedem.

---

* Babcock, L. and S. Laschever *Women Don't Ask: Negotiation and the Gender Divide* Princeton University Press. Princeton: 2003.

Mulheres parecem não ser tão autoconfiantes quanto homens em vários esquemas de negociação. Quando as mulheres conseguem a coragem para pedir alguma coisa, elas costumam pedir menos do que é pedido pelos homens e, muitas vezes, acabam concedendo mais a fim de chegar a um acordo ou preservar a relação.

Ambos os gêneros como negociadores partem dos pressupostos acima ao negociarem com mulheres. Quando isso acontece, eles assumem uma postura mais firme ao negociar com mulheres do que ao negociar com homens.

Mulheres têm uma tendência maior a agir pelo bem-estar da relação e a ser cooperativas. Isso pode lhes dar uma vantagem em situações onde as partes reconhecem o valor da relação e onde um ambiente mais cooperativo de negociação existe. Isso também pode levá-las a se furtarem de levantar questões que elas julguem poder abalar o relacionamento em questão.

Então, essas são as principais diferenças entre homens e mulheres em negociações. Como negociadores, nem os homens são de Marte e nem as mulheres não são de Vênus, mas certamente há algumas diferenças que merecem ser compreendidas.

Folha de trabalho individual

Gênero e negociação. Quase não há dúvida sobre o fato de que homens e mulheres negociam de forma diferente.

As verdadeiras questões são: como homens e mulheres são diferentes negociantes devido à diferença de gêneros e em quais situações o gênero causa impacto na negociação?

Comece por essa dica: Falando de forma generalizada, mulheres tendem a ver negociações de uma maneira bem mais relacional, enquanto homens estão mais inclinados a uma abordagem transacional. Isso ajuda a explicar por que mulheres hesitam em pedir mais durante negociações de salário, enquanto homens não parecem evitar pedidos desse tipo.

Quando se tratar de gênero e negociações, lembre-se desses pontos-chave:

- O gênero impacta muitas negociações de forma sutil. O contexto é o fator determinante de como e de que modo.
- As percepções e os estereótipos que homens e mulheres trazem à mesa de negociação são tão importantes quanto quaisquer diferenças que pode haver entre eles.
- Mulheres tendem a possuir expectativas menores quando se engajam em negociações e, sendo assim, elas são bem mais modestas quanto a seus pedidos e abordagem. As razões para isso são várias, mas incluem estereótipos negativos sobre mulheres e poder.

PERGUNTAS PARA FAZER A SI MESMO:

- Gênero é uma questão nesta negociação, e como eu posso perceber isso?
- Qual é o verdadeiro impacto que o gênero tem sobre esta negociação? Ele está influenciando o modo pelo qual percebo e penso sobre determinado problema?
- Eu negocio de forma diferente com membros do sexo oposto? Caso a resposta seja sim, eu negocio dessa forma, diferenciando gêneros, todo o tempo ou posso identificar certos contextos nos quais meu comportamento muda?
- Como eu tenho percebido a diferença de gênero influenciando negociações, e o que eu posso fazer para me preparar para esses tipos de negociação?
- Como a sua abordagem muda se você é uma mulher negociando com outra mulher ou se você é uma mulher negociando com um homem? E vice-versa?
- Você tem consciência dos estereótipos vinculados ao seu gênero quando se trata de negociar? Como essa consciência afeta a sua abordagem, se é que afeta?

CAPÍTULO 12

Negociando sobre coisas intangíveis: é o que você não vê que pode lhe machucar

Vamos começar este capítulo com um desafio familiar bem comum. É a história de John e seu pai, Aaron, que viviam em conflito quanto a várias questões. Aaron estava sempre no ouvido de John, perguntando o que ele estava fazendo com sua vida e reclamando da forma como ele vivia. Aaron achava que John gastava muito tempo com farras e não assumia responsabilidade sobre nada. A relação dos dois estava saturada, para dizer o mínimo, e ambos no fundo sabiam disso. Eles pegavam todas as situações tangíveis que surgiam – como o uso do carro ou só voltar pra casa a altas horas – e negociavam o problema em questão. No final das contas, eles conseguiam vencer cada uma dessas provas, mas as negociações continuavam a aparecer.

O que está havendo entre Aaron e John, partindo de uma perspectiva de negociação? O verdadeiro problema de negociação é de natureza intangível*, já que Aaron pensa

---

* Questões intangíveis são, literalmente, aquelas que nós não podemos tocar e que assumem espaço em processos de negociação. Elas costumam

que John lhe deve mais respeito pelo simples fato de ele ser seu pai. Pura e simplesmente. Era dessa forma que Aaron tratava seu pai, e ele espera o mesmo de John. Mas essa consciência não existe para John, e Aaron não consegue encontrar a maneira certa de trazer essa questão à tona. Toda vez que Aaron traz a questão do respeito a uma conversa, essa questão acaba se transformando em uma briga feia. A questão intangível, que é a base do confronto, continua sob os panos.

Essa situação, ou algo muito semelhante, lhe soa familiar? É provável que sim, pois muitos de nós vivemos situações em que um processo de negociação seguiu por esse caminho – com questões intangíveis sendo o cerne da questão –, sem sabermos o porquê de as coisas terem sido assim. É claro que essas questões intangíveis ocorrem em várias esferas, mas elas são especialmente importantes em negociações no lar, com a família. Esse último ponto merece ser analisado de forma minuciosa, pois ele é fundamental para que se entenda essa questão.

Em negociações, temos uma tendência a dar foco aos assuntos objetivos que nos confrontam, como terminar um projeto no prazo, tentar atingir um salário satisfatório e bons benefícios, entrar em concordância com nossos cônjuges sobre como lidar com as finanças ou sobre quanto queremos investir em uma casa nova. No entanto, negociações são muito mais que isso, pois as pessoas estão envolvidas com todas as suas idiossincrasias, com todas as suas formas particulares de lidar com a situação. Colocamos sobre a mesa

---

tomar a forma de uma dinâmica psicológica, como respeito, dignidade e outras ideias que confrontam nossa identidade.

nossas necessidades tangíveis para chegar a um acordo, mas também nossas necessidades intangíveis de, por exemplo, sermos respeitados durante o processo e preservarmos nossa reputação. Essas são as questões intangíveis que costumam causar problemas em negociações, quando um acordo ou algum tipo de ajuste muitas vezes está próximo de ser atingido. Sendo assim, como podemos lidar com esses assuntos intangíveis durante um processo de negociação?

Em primeiro lugar, como negociantes, nós precisamos estar preparados e dar o máximo de foco possível às questões intangíveis, assim como damos a questões tangíveis. Quando estivermos arquitetando nossa abordagem para uma negociação, precisamos nos lembrar de, por exemplo, apresentar nossas ideias com respeito e investir em propostas que não forcem as outras partes a saírem na pior.

Em segundo, quando não estivermos conseguindo avançar em um processo de negociação, uma das coisas a se fazer é dar um passo pra trás e pensar sobre essas questões intangíveis. É possível que o motivo pelo qual não se está conseguindo avançar na negociação não tenha a ver com dinheiro ou outra questão objetiva, mas sim com o fato de o outro negociante estar se sentindo desrespeitado ou achar que sua dignidade foi atropelada durante o processo? É especialmente importante se lembrar disso quando você estiver passando por maus momentos ao tentar descobrir o problema entre você e outro negociante.

Em terceiro e último lugar, tente focar na questão do intuito e do impacto durante negociações. Essa questão tem a ver, basicamente, com investirmos em negociações com uma determinada intenção e executarmos ações durante o processo. Ao executarmos essas ações, elas podem ou não exercer um impacto sobre o outro negociador. É aí que os elementos intangíveis podem causar estragos. Conforme a situação colocada anteriormente, John estava executando ações para viver sua vida de uma certa maneira, e o impacto disso sobre Aaron, seu pai, foi sentir que ele estava desrespeitando a ele e a sua família. Desse modo, é importante explorar essa questão junto às outras partes envolvidas no processo, deixando claro quando se está confuso, explicando qual era o seu intuito com o que disse durante a negociação e tentando entender o impacto causado sobre as outras partes. Isso vai lhe ajudar a esclarecer o problema, caso haja algum elemento intangível envolvido no processo, e a atingir um acordo mutuamente satisfatório.

Resumindo, quando se trata de questões intangíveis em processos de negociação, precisamos nos lembrar de incluir esse tipo de questão no nosso planejamento. Principalmente quando não estiver conseguindo avançar com uma negociação e não tiver ideia de qual possa ser o problema, pense sobre os elementos intangíveis que podem estar envolvidos no processo. Por último, tenha certeza de examinar a questão do intuito por trás do que dizemos e do impacto que pode ser causado sobre as outras partes.

Folha de trabalho individual

Frequentemente, as pessoas pensam que a vida tem a ver com algo tangível, que se pode tocar, como, por exemplo, dinheiro. Mas o que importa realmente são conceitos intangíveis, como respeito ou dignidade. Essas questões intangíveis muitas vezes importam mais a longo termo que os fatos tangíveis que você pode querer aqui e agora. Por que seria diferente com negociações?

Comece por essa dica: Se você não estiver conseguindo avançar com uma negociação, não parta imediatamente para as questões tangíveis que possam estar envolvidas. Foque sua energia em tentar chegar às questões intangíveis ou psicológicas, que muito provavelmente estão causando o problema.

Quando se tratar de questões intangíveis no processo de negociação, lembre-se desses pontos-chave:

- Quando você se prepara para uma negociação, você precisa dar tanto foco às questões intangíveis quanto a questões tangíveis. Exemplos de questões intangíveis, também conhecidas como necessidades psicológicas, incluem: respeito, dignidade, identidade, controle sobre as decisões e sobre a sorte de outra pessoa e sentimento de pertencimento.
- Não é preciso muito para trazer à tona questões intangíveis em uma negociação. Uma vez que essas questões forem envolvidas, e precisem ser negociadas, pode se tornar difícil lidar com elas de forma eficaz. Esse costuma ser o caso, já que elas costu-

mam tender para o pessoal e ser pontos sensíveis para os envolvidos.

- Note pistas não verbalizadas e a escolha de palavras das partes envolvidas na negociação. Se elas divergirem do que é dito, é bem provável que uma questão intangível esteja subjacente ao problema.
- Observe a questão do intuito e do impacto de forma cuidadosa, já que muitos elementos intangíveis podem emergir dessa questão.
- A parte boa dos problemas intangíveis é que sua solução está nessa mesma esfera intangível. Por exemplo, se o outro negociante se sente desrespeitado pela sua forma de agir, e você quer resolver o problema, você precisa se desculpar e tratá-lo com respeito. Ainda que isso não seja fácil em termos psicológicos, essa ação não vai lhe custar nada literalmente falando, e, portanto, só depende da sua capacidade de ceder.

PERGUNTAS PARA FAZER A SI MESMO:

- Eu acho que pode haver um interesse psicológico ou intangível na raiz do problema? Caso ache, por quê?
- Quais pistas o outro negociador me deu de que questões intangíveis podem ser o verdadeiro problema?
- Os ânimos da negociação se elevaram rapidamente ou as coisas se tornaram pessoais? Nesse caso, como eu posso identificar as questões intangíveis que podem ser o problema?

- O que foi dito ou feito pelas outras partes dessa negociação e qual foi o impacto que isso teve sobre mim? Esse impacto foi negativo e atingiu questões intangíveis que carrego comigo?

CAPÍTULO 13

Negociando durante feriados: jingle bells, coxas de peru e família

Ah, os feriados! Nós os amamos porque conseguimos tirar um tempo de folga. Nós os odiamos por conta das multidões. Nós esperamos ansiosamente por eles porque podemos passar um tempo com a família. Nós nos sentimos incomodados com eles porque temos que passar um tempo com certos familiares que nos deixam um tanto malucos. Todos esses enredos e muitos outros nos colocam em negociações que vão muito além de coxas de peru e onde colocar o ramo de visco na árvore de natal.

Aqui estão algumas dicas para negociar com sua família e amigos ao redor da mesa durante as festas de feriado. Certamente, há muitas negociações que ocorrem durante os feriados – principalmente se você enxergar negociações em seu sentido informal. Do que preparar de jantar para os vinte familiares que estão chegando até o que conversar quando se está ao redor da mesa, as negociações estão por todo lado.

Ao invés de falar sobre isso de forma abstrata, vamos falar sobre certos indivíduos que chegam em sua casa para as festas e que requerem habilidosas negociações da sua parte. Essas pessoas também podem recair na categoria das "pessoas complicadas".

O primeiro tipo de pessoa é o "sabe-tudo". Todos nós temos uma dessas pessoas em nossa família – alguns, até mais do que uma! De como resolver o conflito no Oriente Médio a como assar um bolo de frutas, essas pessoas sabem todas as respostas. Além disso, elas lançam mão de fatos obscuros, como: "Você sabia que leite de iaque é rosa?" Independentemente de como você as analisa, essas pessoas são complicadas e requerem um conjunto distinto de habilidades de negociação para que você lide com elas de forma eficaz.

Como, então, você pode lidar com os "sabe-tudo"? Em primeiro lugar, quando eles começarem a entrar em detalhes e a afirmar seus fatos questionáveis, dê um passo para trás e lembre-se de não entrar em uma discussão acirrada. É isso que os "sabe-tudo" querem. Ao invés disso, afaste-se da discussão, não diga nada e dê espaço a si mesmo para respirar fundo algumas vezes. Caso contrário, a tentação de dizer aos "sabe-tudo" por que eles estão errados quanto a tudo que disseram – e eles muitas vezes estão – será grande demais. Depois, tente pensar sobre os motivos deles. Frequentemente, os "sabe-tudo" querem que as outras pessoas saibam o quão espertos eles são. Sendo assim, aí está uma abordagem de contrapartida para se tentar: deixe-os ser espertos por hoje. Não custa nada a você e fará com que eles se sintam importantes. Depois de algum tempo, você talvez queira escolher a opção de deixar a conversa – disponível a todos em qualquer negociação –, sendo assim, vá pegar um pouco mais de café!

O segundo tipo de pessoa com o qual esbarramos durante reuniões de feriado é o grupo dos sensíveis. Ao sinal de qualquer crítica ou discordância, essas pessoas se escondem em suas conchas e se recusam a sair pelo resto do dia. Você muitas vezes os verá meio afastados ou fingindo assistir ao jogo de futebol, quando na verdade sequer sabem a diferença entre uma bola de futebol e uma bola de golfe.

E como você pode chegar ao grupo dos sensíveis? Não é fácil, esse grupo não gosta de se envergonhar de nenhuma forma. Se eles se embaraçam, ou se sentem assim, retornam à concha. Há duas táticas possíveis para esses casos. A primeira é se juntar à pessoa com a qual eles se dão melhor para tentar uma abordagem. As pessoas mais sensíveis costumam ser comunicativas se for feita uma boa abordagem, e caso a pessoa certa converse de forma calma com elas, isso pode fazer com que saiam da concha. A segunda tática é investir na empatia (ou, como o psicólogo Carl Rodgers o chama, adentrar o seu mundo sem julgamentos) de forma a fazer com que elas se abram. Colocando-se no lugar delas, você conseguirá compreender por que elas se verteram tanto para si mesmas – não necessariamente concordar com sua lógica, mas compreendê-la. Uma abordagem eficaz, uma vez que você tenha entendido o que está se passando, é falar com elas em particular. Quando vocês estiverem a sós, pergunte à pessoa se algo está errado ou diga que você percebeu que ela está desconfortável e gostaria de saber se está tudo bem. Caso elas venham a se abrir, esse será o melhor momento para isso. Caso elas se neguem a falar, ainda que pareça óbvio que não está tudo bem, não insista e deixe que elas se reintegrem lentamente ao grupo.

Antes de concluir este capítulo, gostaria de mencionar algumas habilidades para se lidar melhor com aqueles que tendem a recair sobre questões políticas e outros assuntos polêmicos e que muitas vezes trazem esses temas à tona nas horas mais inoportunas. As pessoas costumam fugir dessas discussões, quando estão na mesa de negociações durante as festas de feriado, porque elas costumam se desenrolar nas mesmas opiniões de sempre e em conflitos que não fazem sentido. Esse desenrolar é de certa forma inevitável, porque normalmente entramos em um modo de debate com nossas famílias. Esse modo tem a ver com tentarmos encontrar brechas nos argumentos de outra pessoa. Gostaria que você tentasse algo diferente. Ao invés de replicar dizendo o quão tola a outra pessoa está sendo ou como é sem sentido a última afirmação que essa pessoa fez, apenas assuma o que lhe está sendo dito. Ponha-se no modo de aprendizado e faça o contrário do que os outros esperam. Por exemplo, imagine aquele tio bem enfático, que precisa afirmar os seus pontos de vista e com o qual você sempre entra em conflito. Agora, evoque a imagem dele afirmando algo controverso e você o olhando nos olhos dele e dizendo: "Interessante, eu nunca tinha pensado sobre isso dessa forma. Não tenho certeza de que concordo, mas me deixe pensar sobre isso." Agora imagine a expressão no rosto dele – como diz o comercial da MasterCard, não tem preço! Ele não saberá o que fazer quando você não responder no mesmo tom, e isso certamente vai alterar a dinâmica da conversa.

Folha de trabalho individual

Os feriados trazem muitas memórias que ficam conosco por uma vida inteira. Quando crianças, nós observamos e ouvimos nossos pais se preparando, encontrando o melhor caminho para lidar com essas datas. E parece que todo ano, sem erro, um assunto que requer negociação vem à tona: "Vamos para a casa da sua família ou da minha neste ano?"; "Quem vai se sentar ao lado da maluca da tia Judy neste ano?". Enfim, você entendeu o que quero dizer.

Comece por essa dica: Não perca de vista o fato de que esta é uma festa de família e que, independentemente das negociações que surgirem, elas não devem estragar a ocasião.

Quando se tratar de negociações em festas de família, lembre-se desses pontos-chave:

- Tente fazer o contrário do que os seus convidados de gênio difícil esperam. Isso realmente os confundirá e eles não saberão como reagir.
- Muitas das pessoas que precisam declarar com firmeza seus interesses frequentemente agem dessa forma porque ninguém as escuta. Pense sobre parar e ouvir o que elas têm a dizer sem replicar na primeira oportunidade.
- Passe de um modo de debate para um modo de diálogo, no qual você tenta aprender com os seus convidados ao invés de buscar brechas em seus argumentos. Investindo em um modo de diálogo, você pode aprender coisas e ainda perceber com mais atenção os pontos de concordância e discordância frente ao que está sendo dito.

PERGUNTAS PARA FAZER A SI MESMO:

- Por que eu acho essa pessoa tão difícil de se lidar? Tem a ver só com a personalidade dela ou também com o contexto no qual estamos?
- Todo ano, tio Charlie, tia Karen e o primo Dan dizem algo ofensivo, que me dá nos nervos. Como eu posso me preparar para lidar de forma construtiva com isso, fazendo com que saibam que é inaceitável o que estão dizendo, mas que não acabe com o meu feriado ou com o de todo mundo?
- Durante este feriado, quais são as negociações nas quais vale a pena me engajar e por quê? E quais eu posso deixar para outro momento?
- Como você fará com que a outra pessoa se sinta valorizada e ouvida, apesar de discordar dela de uma forma respeitosa?

CAPÍTULO 14

Negociando com os seus filhos

"Pai, que tal se eu ajudar você a aparar a grama e você me levar ao cinema? Que tal U$5 por semana de mesada? Tudo bem, e se forem U$4? Pai, eu quero ganhar brincos de aniversário. Todos os meus amigos estão usando!"

"Não até você fazer treze anos, querida."

"Mas, pai!"

"Você está certa, isso não faz sentido. Que tal quando você fizer doze anos?"

Esse tipo de troca é o motivo pelo qual guardei o melhor para o final, em se tratando de negociações em casa. É óbvio que estamos falando de negociações com os seus filhos. Negociações começam cedo na vida de uma criança. Na verdade, o ato de negociar parece uma habilidade que as crianças apreendem bem facilmente. Claro que elas têm algumas questões quanto ao lado emocional do processo, afinal de contas, elas só têm alguns poucos anos de idade, mas costumam pegar a ideia com certa facilidade. E elas às vezes atingem o cerne da questão mais rapidamente e acabam sendo negociadoras mais eficientes do que muitos adultos. É claro que negociar com crianças enquanto elas caminham da infância para a adolescência requer um leque de habilidades. Partindo da perspectiva dos pais, o mais importante é entender o ponto em que seus filhos estão em termos de desenvolvimento e o que se pode ou não esperar deles. Em outras palavras, você negocia de forma diferente com seus filhos de cinco e de treze anos.

A seguir estão algumas recomendações sobre o ato de negociar com filhos. Eles estarão acompanhados de reflexões sobre como negociar com filhos que estão na infância (de quatro a dez anos de idade) e com filhos na adolescência (de onze a dezenove anos de idade). Isso é algo que aprendi na prática, com minhas três filhas.

Primeiramente, de modo geral, as crianças e adolescentes de hoje são negociadores mais habilidosos que as de tempos atrás. Isso ocorre porque, hoje em dia, a ideia de negociação está muito mais presente no sistema educacional e no discurso cotidiano que no passado. As crianças são introduzidas às habilidades relacionadas com a negociação e colocadas em contextos em que precisam utilizá-las com muito mais frequência.

Ainda que as crianças aprendam a negociar a partir de várias fontes, a via mais influente são os seus pais. Como pai ou mãe, você é sempre um exemplo a ser seguido, então sua forma de negociar com elas, com seu cônjuge e com o mundo ao redor passa por uma observação atenta e acaba sendo imitada. Considerando que a imitação é uma das formas mais sinceras de demonstrar admiração por alguém, tente modelar o seu próprio comportamento conforme o que gostaria que fosse adotado pelos seus filhos em negociações.

Quando se trata de negociação, há um ponto importante a ser firmado com seus filhos como pai ou mãe. Eu realmente acredito que negociar com eles em diferentes contextos é fundamental para que eles se desenvolvam em termos relacionais. Negociar com os filhos tem várias consequências positivas. Em primeiro lugar, isso dá voz a eles na hora de tomarem decisões. Em segundo, faz com que se sintam ouvidos, algo de que a maioria das crianças reclama sobre seus pais. Em terceiro, essa rotina faz com que eles exercitem suas habilidades de negociação desde novos, algo que lhes trará benefícios ao longo de suas vidas. Dito isso, o ponto importante que mencionei anteriormente tem a ver com quando investir e quando não investir em negociações com os seus filhos. Certamente há horas em que, por exemplo, a segurança deles está em jogo, e negociar não é uma opção. Ter em mente essas situações, nas quais negociar não é uma opção, e se comunicar de forma clara com eles certamente será benéfico para ambas as partes.

Gostaria de compartilhar algumas peculiaridades sobre o ato de negociar com os filhos e algumas outras sobre negociações com adolescentes. Em primeiro lugar e principalmente, é importante lembrar que, ao negociar com os seus filhos, você deve apresentar o comportamento que deseja que eles apresentem. A abordagem que você tiver frente a eles dirá muito sobre você. E quanto mais consistente você for nessa abordagem, melhor será. Se você sentir que certa abordagem não condiz com a que assumiu em outra negociação, é importante explicar a eles o porquê dessa mudança e as diferenças que fizeram você assumir uma outra posição.

Quando se negocia com os filhos, é muito importante ser bem claro quanto a qualquer acordo firmado com eles. Isso significa tomar um tempo para trabalhar em detalhes todos os assuntos envolvidos, incluindo horário, certificar-se sobre o que esperam e de que compreenderam o que foi dito, além de deixar bem claras quais serão as consequências caso não cumpram o que foi prometido. Os adultos têm a habilidade de ler nas entrelinhas em vários assuntos, mas as crianças muitas vezes ainda não estão nesse estágio de desenvolvimento, assumindo as coisas de forma literal. Sendo assim, quanto mais claro você for, maiores as chances de elas cumprirem o acordo firmado.

Negociar com os filhos tem mais a ver com eles assumirem responsabilidade frente ao que foi acordado do que com qualquer outra coisa. Tenha certeza, conforme aquilo que foi negociado comece a caminhar para a fase de implementação, de que eles estão cientes do acordo. Principalmente, ressalte a importância de assumir responsabilidade pelas coisas com as quais se concordou e explique que se não agirem dessa forma, será difícil confiar neles em outras ocasiões. Essas são importantes lições de vida, decisivas para as negociações que eles irão encarar no futuro.

Quando as negociações com os seus filhos se complicarem, faça uso de pausas para pensar sobre a melhor forma de agir. Eu costumo dizer o seguinte às minhas filhas: "Não acho que devo dar uma resposta a isso agora. Papai precisa de um tempo para pensar sobre as coisas que nós conversamos." Descobri que, ao fazer isso, posso dar um passo para trás e voltar à questão com soluções muito melhores do que se respondesse no ato. Sempre que ajo dessa forma, percebo que estou fazendo uso de uma prática de negociação que minhas filhas irão imitar no futuro, além de estar lidando com o lado emocional da negociação em curso.

Adolescentes, falando como quem tem alguns em casa, exigem abordagens e formas de se pensar completamente distintas. Minha cunhada tem uns dizeres na parede de sua casa: "Criar adolescentes é como tentar pregar gelatina na parede!" Já tentou? Certamente, não é nada fácil. E os maiores desafios em se criar adolescentes costumam surgir quando há discordâncias que exigem negociação. Sendo assim, cá estamos em meio aos tempos conturbados que acompanham a adolescência.

A reclamação mais frequente que os adolescentes fazem sobre seus pais é que eles não os ouvem. O primeiro passo é ouvi-los e fazer perguntas a eles, para tentar entender as suas perspectivas. Isso é mais fácil de falar do que de fazer, já que a fase da adolescência é extremamente complicada tanto para os filhos quanto para os pais. Está acontecendo de tudo com os adolescentes, eles não compreendem grande parte dessas mudanças e muitas dessas questões acabam vindo à tona em conversas sem que eles tenham a intenção e de uma forma com a qual eles não costumam conseguir lidar.

Perceba quais são os seus pontos sensíveis ao lidar com um adolescente. Como pai ou mãe, é fundamental entender a si mesmo primeiro para que você possa lidar com suas próprias emoções. Você convive com o seu filho adolescente todos os dias e, sendo assim, sabe muito bem o que o deixa louco quanto aos comportamentos que ele apresenta. Assim, a pergunta passa a ser: o que você fará sobre isso caso saiba quais são esses pontos sensíveis? Tente começar lembrando a si mesmo desses pontos sensíveis e, se vierem à tona, não responda a eles. Aprenda a usar o silêncio a seu favor. É provável que qualquer coisa que você diga eleve ainda mais os ânimos da situação, pois muitos adolescentes não sabem lidar com as coisas às quais são sensíveis.

Por último, liste as questões entre você e o seu filho adolescente, de forma a esclarecê-las, e não se esqueça de conversar com ele também sobre assuntos intangíveis. Por exemplo, considere a seguinte situação:

> Tom tem dezesseis anos. A última vez que Paul, seu pai, deixou que usasse o carro, Tom e seus amigos arranharam uma das portas e ainda largaram lixo por toda parte no carro. Tom não disse nada quando chegou em casa – discretamente deixando as chaves sobre a mesa e indo direto para a cama. Na manhã seguinte, quando entrou no carro para ir trabalhar, Paul encontrou o carro nessas condições. Ele ficou furioso, mas, como costuma fugir desse tipo de embate, nunca chegou a chamar Tom para uma conversa. Ao invés disso, seguiu para o trabalho e falou sobre todas as suas frustrações acerca da situação com seus colegas. Uma semana depois, Tom pediu, sem cerimônias e enquanto já ia saindo porta afora, para usar o carro, certo de que Paul concordaria sem problemas. Paul simplesmente disse que não, virou as costas e foi para o seu quarto. Tom ficou bravo e confuso, porque já havia feito planos, mas não levou a discussão adiante.

Essa situação não tinha a ver com o carro em si, mas sim com Paul se sentir desrespeitado. Para conseguirem lidar com suas diferenças, um dos dois terá de trazer à tona a verdadeira questão entre eles e dar foco à falta de respeito que é raiz do problema. Na verdade, a grande maioria das questões entre adolescentes e seus pais em negociações são de natureza intangível, então foque suas energias nesses pontos intangíveis.

Resumindo, negociar com os seus filhos pode ser uma experiência maravilhosa ou intimidante. Reconheça que esse será um lento processo de aprendizado, tente modelar o seu comportamento conforme o comportamento que espera deles e, quando não conseguir avançar com o processo, busque soluções em esferas intangíveis.

Folha de trabalho individual

Minha filha de quatro anos e meio colocou seus sapatos sozinha certo dia. Eu notei que o pé esquerdo estava no lado direito e disse: "Querida, seus sapatos estão nos pés errados." Minha filha olhou para baixo, depois se virou para mim e disse: "Muito engraçado, papai. Eu sei que estes são os meus pés certos." Crianças dizem as coisas mais inesperadas, principalmente quando você está negociando com elas.

Comece por essa dica: As crianças querem ser ouvidas como adultos – talvez ainda mais que os adultos. Ainda que você pense saber a resposta para determinada pergunta, escute seus filhos para eles se sentirem ouvidos. É disso que se trata boa parte das negociações que você tem com os filhos.

Quando se tratar de negociações com os seus filhos, lembre-se desses pontos-chave:

- As crianças estão sendo introduzidas às negociações mais cedo hoje em dia – dê crédito a elas e as ajude a desenvolver suas habilidades como negociantes.
- Crianças imitam e se modelam conforme os comportamentos que observam. Você pode ensiná-las a serem negociadoras eficientes simplesmente por meio da forma com que negocia com elas.
- Perceba em que estágio de desenvolvimento seus filhos estão e ajuste suas expectativas ao que se pode esperar deles nessa idade.

PERGUNTAS PARA FAZER A SI MESMO:

- Quais são as coisas que não podem ser negociadas com seus filhos pequenos ou adolescentes, e por quê? Tenha a certeza de traçar essa linha de forma clara e explique a seus filhos os motivos para essas questões não serem negociáveis.
- Junto ao desejo dos seus filhos pequenos ou adolescentes de irem além e tomarem suas próprias decisões, deve vir um senso de responsabilidade. Como você pode ter certeza de que há um forte senso de responsabilidade e confiabilidade nas negociações que tem com seus filhos?
- Como evocar argumentos de forma clara com seus filhos pequenos ou adolescentes, de forma a não ha-

ver dúvida acerca das consequências de eles não cumprirem sua parte no acordo?

- Como você vai lidar com os seus próprios pontos sensíveis em negociações com os seus filhos e como terá certeza de que eles não levarão a melhor sobre você?

CAPÍTULO 15

Conclusão e leituras complementares

A partir dos capítulos anteriores, é fácil perceber a importância fundamental de se negociar em casa. Além de todos os motivos óbvios para lidar de forma eficaz com suas relações, diferentes aspectos de nossas vidas estão claramente conectados. Assim, o que acontece em casa inevitavelmente afeta nossas vidas profissionais e outras esferas. Mas não é por isso que negociar em casa é tão vital. Principalmente, sem a habilidade necessária para lidar com os incontáveis desafios que surgem em casa, teríamos de penar para ter relações construtivas com as pessoas que mais importam para nós. Isso é algo de que nos arrependeríamos mais e mais conforme os anos fossem passando.

O que é mais interessante sobre negociar em casa é a gama variada de negociações com as quais esbarramos. Negociar com o seu cônjuge envolve uma série de habilidades. Por outro lado, negociar com seus filhos requer abordagens completamente distintas. Por último, os outros processos nos quais você vai se engajar nessa esfera exigem outra série de competências. No final das contas, negociar em casa nos apresenta uma variedade de desafios que talvez não sejam percebidos em outros espectros de nossas vidas, devido à conexão pessoal que temos com cada um dos processos de negociação nessa esfera. Essa conexão pessoal – e os elementos emocionais – são a raiz das mais difíceis negociações com as quais nos envolvemos.

Leituras complementares

Fisher, Roger; Patton, Bruce; Ury, William. *Como chegar ao sim: a negociação de acordos sem concessões*. Rio de Janeiro: Imago, 2005.

Brown, Scott. *How to Negotiate with Kids... Even if You Think You Shouldn't: 7 Essential Skills to End Conflict and Bring More Joy into Your Family*. Nova York: Viking Press, 2003.

Fisher, Roger; Shapiro, Daniel. *Beyond Reason: Using Emotions as You Negotiate*. Nova York: Viking Press, 2005.

Kolb, Deborah M.; Williams, Judith. *Everyday Negotiations: Navigating the Hidden Agendas in Bargaining*. São Francisco: Jossey Bass, 2003.

Peck, C. *How to Make Peace with Your Partner*. Nova York: Grand Central Publishing, 1995.

Rubin, J.; Rubin, C. *When Families Fight: How to Handle Conflict with Those You Love*. Nova York: Ballantine Books, 1990.

PARTE III

O negociador em você na vida como um todo

CAPÍTULO 16

Introdução às negociações da vida em geral

Ao longo de nossas vidas, nos encontramos negociando por itens de valor, como uma casa ou um carro, negociando com companhias acerca de diferenças sobre as faturas cobradas ou para a devolução de produtos ou ainda com comerciantes locais por roupas ou antiguidades. Seja por onde passarmos durante a vida, podemos ter certeza de que esbarraremos em oportunidades de negociação.

Se negociar na vida em geral significa se engajar em negociações além do ambiente profissional ou do lar, o que faz desse contexto algo único? A seguir, estão algumas dinâmicas a se considerar enquanto damos início a essa análise: primeiramente, as normas sociais nos colocam uma abordagem competitiva de negociação. Ainda que muitos negociadores assumam posturas mais cooperativas ao negociar, sempre tendemos a essa lógica competitiva quando partimos para negociações em escopos mais amplos. Em segundo lugar, de certo modo ligado à primeira questão, normalmente não entendemos como nossas reputações nos perseguem durante a vida. A primeira coisa a ser atingida em uma negociação fracassada é a reputação de alguém. E, ainda assim, muitos insistem em pensar a curto prazo e a perseguir ganhos imediatos, sacrificando suas reputações e a forte possibilidade de benefícios a longo prazo. Em terceiro lugar, também ligado aos pontos anteriores, a maioria das negociações ocorre em contextos de longo prazo e excede uma única ocasião. Mesmo quando pensamos estar em uma negociação de momento, como ao comprar um carro, questões de longo termo são possíveis. Por exemplo, quando alguém compra um carro, há possivelmente uma relação de longo prazo entre o comprador e o dono do carro acerca dos serviços de manutenção necessários. Ter isso em mente é importante porque costumamos usar abordagens distintas para negociações de uma única ocasião e para negociações que se perpetuam no tempo.

Ao contrário das esferas profissional e da casa, os tipos de negociação que se encaram na vida em geral são significantemente variados e particularmente desafiadores. Muitas vezes, quando estamos mergulhados nessa vasta esfera de negociação, sentimos que ocupamos as posições mais fracas para negociar e que lidamos com obstáculos intransponíveis. Contudo, como você irá perceber a partir dos vários exemplos de negociação desta parte do livro, há muitas coisas que se podem fazer para garantir um caminho bem-sucedido ao longo dos inúmeros desafios da vida.

CAPÍTULO 17

Fazendo com que eles joguem o seu jogo: da competição à cooperação

Para dar início a esta seção sobre negociar na vida em geral, gostaria de investir em um desafio que frequentemente chega a mim durante os cursos que ministro e consultorias que realizo para empresas ao redor do mundo. A questão costuma ser colocada da seguinte forma: "E se eu quiser assumir uma abordagem cooperativa no processo de negociações, mas as outras partes envolvidas insistirem em um raciocínio competitivo?"

Como você pode imaginar, essa questão está longe de ser simples, mas certamente há algumas ações que você pode executar para que o outro negociador realize essa transição. A primeira é dar um passo para trás e se perguntar se uma negociação cooperativa vai servir melhor aos seus propósitos. Lembre-se que uma abordagem mais cooperativa faz sentido em negociações onde pode haver uma relação de longo prazo com o outro negociador. Esse tipo de situação ocorrerá com maior frequência nas negociações da vida em geral. Uma abordagem competitiva – na qual você tenta conseguir sempre mais para si mesmo, sem se preocupar muito com o impacto do processo sobre a outra parte – só é aplicável para negociações de uma única ocasião, como, por exemplo, ao se comprar uma casa ou um carro. Sendo assim, se você decidir que quer se engajar em uma abordagem cooperativa, aqui estão algumas dicas para fazer com que o outro jogue o seu jogo.

É claro que, para fazer com que as outras partes envolvidas na negociação abandonem essa postura competitiva e cheguem ao ponto que você deseja, o melhor caminho é usar o seu poder de persuasão. Há várias maneiras de se fazer isso, inclusive tentar falar na língua dos outros negociadores, mas, de todo modo, essa não é uma tarefa fácil. Antes de tudo, é primordial saber qual é a sua melhor alternativa à negociação de um acordo, ou MAANA. Em outras palavras, qual será a melhor forma de agir se os outros negociadores não modificarem o modo como estão lidando com o processo e você for forçado a deixar a mesa de negociações. Nos casos em que alguém se recuse a adotar uma abordagem cooperativa para a negociação, às vezes é necessário mandar um recado para essa pessoa: ou ela passa a investir de forma cooperativa ou você vai buscar satisfazer seus interesses em outro lugar. Um recado drástico como esse costuma ser a única coisa que atinge alguém que está sendo intransigente. É muito importante pensar sobre como enviar essa mensagem. Você deve fazer o máximo para não usar a sua MAANA como uma ameaça, apenas enviando um aviso de que é sob esses termos que pretende negociar e que gostaria muito que se prosseguisse com a negociação dessa forma.

Logicamente, a próxima questão passa a ser: "Esse parece um ótimo plano, mas e se você não tiver uma boa MAANA?" A resposta é que, se você não possuir uma boa

MAANA, você deve investir no processo de aprimorá-la. A boa notícia é que a MAANA é algo variável e pode ser incrementada caso se dedique tempo, criatividade e esforço. Considere o exemplo a seguir: eu tenho um amigo que estava prestando auxílio a uma empresa alguns anos atrás. A empresa – nós a chamaremos de Gizmo Inc. – criou um produto que demandava um microchip específico, que era produzido por outra empresa – nós a chamaremos de Unichip. Após anos de uma relação fértil, certo dia a Unichip contatou a Gizmo e disse que estava aumentando o preço do seu microchip. A Gizmo se reuniu com a Unichip para tentar convencê-la a não realizar esse aumento, afirmando que o novo valor não era viável para a empresa, mas a Unichip não considerou verdadeira essa projeção e insistiu no aumento. A Gizmo entrou em pânico frente à ideia de o aumento ter sido mantido, pois a Unichip detinha o monopólio da produção do microchip, e o novo valor se mostrava insustentável. No final das contas, esse aumento poderia tirar a Gizmo do mercado.

Foi nesse momento que eles requisitaram a ajuda do meu amigo. Esse amigo pediu para que eles lhe contassem o desenrolar das coisas e depois perguntou qual era a MAANA da Gizmo frente à situação. Eles explicaram que era exatamente esse o problema, pois não possuíam nenhuma MAANA nesse caso. Não havia outra empresa que produzisse o microchip do qual precisavam. Meu amigo propôs um *brainstorm* para que eles pudessem incrementar sua MAANA, ao qual os representantes da Gizmo se dedicaram sem grandes esperanças. Depois de um tempo, alguém disse que havia uma fábrica fora de uso na região que estava à venda e que ela parecia ter sido usada no passado para a produção de microchips. O grupo pediu que essa pessoa investigasse melhor isso. No dia seguinte, a pessoa retornou com a informação de que a fábrica, que realmente havia sido usada para a produção de microchips, estava de fato à venda. O negócio não seria barato, mas eles podiam comprar a fábrica e buscar funcionários que haviam se aposentado pela Unichip para que treinassem pessoas da Gizmo a fim de que a empresa pudesse investir por si mesma na produção do microchip necessário. Pôr o plano em prática custaria caro, mas possibilitaria a eles uma MAANA melhor do que a que tinham antes e permitiria que a empresa se mantivesse no mercado.

Com esse plano em mente, a Gizmo requisitou uma nova reunião com a Unichip. A empresa conseguiu convencer a Unichip a abandonar o aumento do preço e assumir uma abordagem mais cooperativa frente à negociação, afirmando que a empresa tinha uma alternativa caso a Unichip insistisse em aumentar o valor do microchip.

Resumindo, quando o seu desejo é tentar fazer com que as outras partes envolvidas na negociação passem de uma abordagem competitiva para uma abordagem cooperativa, o primeiro passo deve ser revisar a forma como você está investindo no processo e ter certeza sobre o melhor caminho que sirva aos seus interesses. Lembre-se de que haverá situações (basicamente, negociações de uma única ocasião) nas quais pode não ser do seu interesse investir em uma abordagem cooperativa. No entanto, uma vez que você esteja certo de que quer assumir uma postura cooperativa, é bem provável que você tenha de usar a sua MAANA para mostrar aos outros negociantes o quão importante é trilhar o caminho de forma cooperativa. Caso você não possua uma boa MAANA, ela provavelmente não irá convencer os outros negociantes, então tente ser criativo e incrementar sua MAANA antes de prosseguir com a negociação.

Folha de trabalho individual

Há duas diferentes formas de jogar quando se está em uma negociação. Uma forma de jogo é competitiva, a outra, cooperativa. Pensar sobre a forma que se deseja adotar para as negociações da vida como um todo pode ser extremamente útil, possibilitando que você se torne um perito tanto na arte de competir quanto na de cooperar. Conforme afirmou Charles Darwin, "na história da humanidade (e também na dos animais), aqueles que aprenderam a *colaborar e improvisar* foram os que prevaleceram". Podemos afirmar que isso também é válido no que se refere à negociação.

Comece por essa dica: Você não pode mudar a maneira como outra pessoa pensa. Você só pode alterar o ambiente no qual ela está inserida e ajudá-la a mudar sua própria forma de pensar.

Quando se tratar de fazer com que outra pessoa jogue o seu jogo, lembre-se desses pontos-chave:

- Faça uso de uma abordagem cooperativa quando o contexto da negociação envolver relações de longo prazo.

- A melhor ferramenta à sua disposição, quando quiser que o outro jogue de forma mais cooperativa, é fazer uso da sua Melhor Alternativa à Negociação de um Acordo (MAANA) para lhe mandar a mensagem de que você não vai jogar de forma competitiva.
- Se os outros negociadores não quiserem jogar o seu jogo, pense se vale a pena continuar com a negociação em condições que não são as melhores.

PERGUNTAS PARA FAZER A SI MESMO:

- Uma abordagem cooperativa é o melhor caminho a ser adotado por mim nesse contexto de negociação? Caso seja, por quê?
- Se você não possuir uma boa MAANA, há alguma forma de incrementá-la?
- Qual é a MAANA dos outros negociadores e de que forma elas se comparam à sua?

CAPÍTULO 18

Ser assertivo em negociações: um direito inalienável

Conforme escreveram os criadores da Declaração de Independência dos Estados Unidos, "Consideramos estas verdades evidentes por si mesmas, que todos os homens foram criados iguais, que foram dotados pelo Criador de certos direitos inalienáveis, entre os quais estão a vida, a liberdade e a busca da felicidade." Em negociações, um direito inalienável que muitas pessoas não assumem plenamente é ser assertivo quanto ao que se precisa ou deseja.* Caso não exercite o direito de ser assertivo quanto ao que precisa ou deseja, você nunca será bem-sucedido em negociações. Isso pode soar óbvio para alguns, mas exercitar esse direito é um enorme desafio para muitos negociadores, sobretudo para aqueles que tendem a se acomodar ou evitar embates. A seguir estão algumas ideias fundamentais para se ter em mente ao ser assertivo quanto aos seus interesses.

* Aqui, é importante que se defina ser assertivo, para que não haja confusões. De acordo com o Dicionário Houaiss da Língua Portuguesa, ser assertivo é afirmar ou negar algo de que se assume inteiramente a validade.

Em primeiro lugar e principalmente, você está buscando atingir seus interesses assim como a pessoa do outro lado da mesa de negociações. As pessoas que relutam quanto a serem assertivas chegaram à conclusão, de algum modo, de que não podem assumir seus próprios interesses. Além disso, não só deixam de perseguir seus interesses como acham que devem sacrificá-los para o bem da relação. Se você assumir esse tipo de comportamento, deixará a mesa de negociações profundamente arrependido por ter abandonado o que mais lhe interessa. Resista a esse impulso e não se deixe levar por esse pensamento. Os pontos a seguir vão lhe ajudar nessa tarefa.

O segundo ponto no qual você deve focar é esclarecer quais são os seus interesses, pois, sem essa percepção clara, você não conseguirá afirmar de forma eficaz o que deseja. Se você não tem uma ideia bem definida do que mais lhe interessa em uma dada negociação, você não poderá ser assertivo de forma convincente. Eu me lembro de várias vezes estar em negociações e perguntar às outras pessoas envolvidas quais eram seus maiores interesses para aquela situação. Elas hesitavam, titubeando bastante ao tentar responder, sem conseguir articular o que simplesmente queriam obter da negociação. Quando se está buscando alcançar o que se deseja, não há nada mais ineficaz do que não saber ao certo quais são os seus desejos e por que você precisa alcançá-los.

O terceiro e último ponto do qual você deve se lembrar quando estiver afirmando seus interesses é saber a diferença entre uma postura "assertiva" (cuja definição, segundo o Dicionário Houaiss da Língua Portuguesa, é demonstrar segurança, decisão e firmeza nas atitudes e palavras) e uma postura "agressiva" (cuja definição, ainda segundo o Dicionário Houaiss, é revelar predisposição a um comportamento hostil ou destrutivo). Como se pode perceber a partir dessas definições, há uma enorme diferença entre as duas posturas. Ainda assim, muitas pessoas confundem seus sentidos, temendo que, ao afirmarem seus interesses de forma assertiva, isso acabe soando agressivo para os outros negociantes. O resultado desse temor é que elas acabam evitando afirmar seus próprios interesses. Então, resumindo em poucas palavras, seja assertivo ao buscar atingir o que deseja, mas sem ser agressivo; é assim que agem os negociadores que são mais eficazes, entendendo bem a diferença entre agressividade e assertividade.

Concluindo, para que você obtenha sucesso em negociações, é fundamental ser assertivo ao buscar satisfazer seus interesses e necessidades. É essencial lembrar que seu direito inalienável consiste em agir pelos seus interesses assim como as outras pessoas envolvidas na negociação. Uma vez que você não tenha dúvidas sobre o seu direito de perseguir o que deseja, você conseguirá deixar claro para os outros negociadores quais são os seus interesses e por quê, sem cruzar a linha da agressividade, como tantos costumam fazer.

Folha de trabalho individual

Para muitos, ser assertivo em negociações é uma tarefa dificílima. Contudo, ser assertivo é fundamental quando se quer ser um negociador eficaz, pois você precisa conseguir deixar claro para os outros o que deseja e fazer isso com convicção. Para ser assertivo, o primeiro passo é saber que você tem tanto direito de assumir o que deseja quanto os outros negociantes envolvidos na situação.

Comece por essa dica: Uma postura assertiva depende apenas da sua própria forma de pensar e não deve ser influenciada pelo que outros negociantes pensem ou digam.

Quando se tratar de ser assertivo em negociações, lembre-se desses pontos-chave:

- Assertividade significa defender os seus interesses sem que haja necessidade de machucar os outros.
- Lembre-se da importância de saber o que deseja e por quê. Você tem o direito de buscar o que quer, assim como os outros negociadores.
- Se você tem tendência a se acomodar, e consequentemente a renunciar ao que deseja quando devia estar defendendo seus interesses, desenvolva uma técnica para não deixar de lado uma postura assertiva quando estiver em meio a negociações.

Perguntas para fazer a si mesmo:

- Eu realmente estou consciente dos meus interesses e daquilo que estou tentando atingir nessa negociação?

- Eu estou certo de que tenho o direito de assumir meus interesses?
- Eu entendo a diferença entre ser assertivo e ser agressivo? Consigo perceber quando estou cruzando essa linha?

CAPÍTULO 19

Fazendo a primeira oferta: eu devo ou não?

Há um velho debate sobre se um negociante deve fazer a primeira oferta ou resistir a todo custo. Considere o caso de Peter. Ele estava representando sua firma em uma negociação com um novo fornecedor acerca de um contrato multimilionário. Peter fez o dever de casa e estava preparado para o que viesse a surgir. Quando ele se sentou com a representante da outra empresa, Susan, expôs uma série de razões para as duas empresas trabalharem juntas. Depois de um longo discurso, Peter fez sua proposta (em dinheiro) para Susan. Ela se recostou em sua cadeira, pensou por uns dez segundos e disse: "Parece bom. Nós aceitamos sua oferta." Peter ficou boquiaberto por alguns instantes, mas rapidamente recobrou a postura e ofereceu sua caneta para que Susan assinasse o acordo. Peter caiu vítima do *Winner's Curse* (em tradução literal, "Maldição do Vencedor"). Esse termo é usado para se referir a negociadores que fazem uma primeira oferta que é aceita pela outra parte da negociação sem contraproposta.* Em outras palavras, suas ofer-

* Para mais informações, veja Thaler, Richard H. "Anomalies: The Winner's Curse". *Journal of economic Perspectives*, Year 2, Volume 1: 191-202. 1988.

tas iniciais provavelmente eram mais atraentes que o necessário e por isso eles conseguiram chegar a um acordo tão rapidamente, mas é bem provável que poderiam ter atingido melhores acordos para suas próprias partes na negociação.

Pense sobre a situação contrária, na qual nenhum dos negociadores deseja apresentar uma primeira oferta. Jane e Tom têm uma relação desgastada por um diálogo passado que não deu certo para nenhum dos dois. Eles confiam muito pouco um no outro, mas continuam a representar suas respectivas empresas sem grandes esperanças de que essa relação venha a mudar em algum futuro próximo. O contrato que têm utilizado nos últimos três anos expirou, e agora eles precisam negociar um novo acordo. A economia sofreu fortes transformações desde o último acordo, o que faz com que os detalhes do contrato anterior não façam mais sentido. Como resultado da desconfiança entre os dois e das novas circunstâncias, nenhuma das partes quer fazer uma primeira oferta – partindo do princípio de que a pessoa que fizer a primeira oferta estará tentando passar o outro negociador para trás, e considerando que qualquer oferta terminará sendo ou muito alta ou muito baixa. Ambos os negociantes hesitam, evitando tratar do assunto, e acabam pondo fim à negociação. A desconfiança é grande demais, e a relação termina indo por água abaixo.

Esses exemplos podem parecer um tanto exagerados, mas eles ocorrem o tempo todo quando a questão é fazer a primeira oferta. Do meu ponto de vista, o mais importante não é qual das duas estratégias adotar para todos os casos (isso é, fazer ou não a primeira oferta), mas sim compreender o contexto, pois é essa compreensão que vai lhe ajudar a decidir se é melhor fazer a primeira oferta e, antes de tudo, se é necessário se preocupar com essa questão.

Considerando todas as informações apresentadas até aqui, eu gostaria de descrever alguns contextos nos quais poderia ser do seu interesse fazer a primeira oferta e outros nos quais a primeira oferta poderia ser evitada. Algo importante a se ter em mente é que a primeira oferta só costuma ser uma questão em negociações que exigem uma tomada de posição, um sim ou não, ou em processos que são apenas distribucionais. Quer dizer, em processos de negociação que têm como objetivo dividir os valores envolvidos, e não em negociações nas quais há a oportunidade de se ampliar esses valores.

Quando, então, você deve fazer a primeira oferta? Você pode querer realizar a primeira oferta quando for do seu interesse *ancorar* a negociação.* Ancorar a negociação significa que quando você faz a primeira oferta, a negociação costuma girar em torno (ficar ancorada) dessa oferta e acaba se assentando em algum ponto próximo a ela. Isso pode ser feito tanto em negociações de longo prazo quanto em negociações de uma única ocasião, mas é provavelmente uma estratégia mais eficaz para negociações de uma única ocasião, pois às vezes uma primeira oferta que ancore a negociação pode tencionar a relação entre os negociadores quando a outra parte perceber o que aconteceu. Além disso, você pode querer realizar a primeira oferta quando tiver feito o seu dever de casa, estiver preparado para a negocia-

* Esse conceito foi definido por Tversky e Kahneman em Tversky, A. & Kahneman, D. "Judgment under uncertainty: Heuristics and biases". *Science*, 185, 1974.

ção e possuir plena consciência dos precedentes envolvidos no processo.

Gostaria de apresentar algumas ideias sobre o que fazer se você receber uma primeira oferta e como não ficar ancorado nela. Para prevenir que a negociação se ancore em uma primeira oferta realizada por outro negociador, faça perguntas sobre como esse negociador chegou a esse valor e tente chegar às motivações subjacentes. Se a outra parte conseguir lhe dar explicações lógicas, tenha certeza de que você entende o raciocínio que ele está usando se não existe nenhuma outra forma de pensar o que está em questão. Se ele não lhe der uma resposta coerente, é bem provável que sua oferta tenha sido inflacionada por motivos que não existem de fato. Essas duas possibilidades exigem que você faça uma pesquisa prévia e saiba quais raciocínios fazem sentido, no contexto em questão, para embasar uma primeira oferta. Além disso, tenha certeza de ter motivos claros para a sua própria oferta, de forma que, se alguém lhe perguntar sobre como você chegou a ela, você responda a essa pergunta sem dificuldades.

Saber até onde você deseja ir, em termos de valor, o ajudará a realizar a primeira oferta. Considere o exemplo a seguir. Um colega me ligou, há mais ou menos um mês, e perguntou se ele devia fazer uma primeira oferta para alguém que estava interessado em terras que sua avó havia deixado para ele. Essa provavelmente era uma negociação de uma única ocasião, e ele tinha conhecimento sobre os valores cobrados por terras na localidade. Meu conselho para ele foi realizar a primeira oferta, a fim de ancorar a negociação. No final das contas, deu certo, e ele conseguiu atingir o valor desejado.

Você não deve realizar a primeira oferta quando não tiver certeza do que realmente deseja atingir com a negociação ou quando não tiver as informações necessárias para tomar a melhor decisão. Se você não tiver certeza sobre o que deseja, lançar mão de uma primeira oferta pode lhe ser prejudicial, pois essa oferta não será baseada em um raciocínio bem estruturado e será difícil justificá-la caso o outro negociante pergunte como você chegou a esse valor. Da mesma forma, se você não tem as informações necessárias para tomar uma boa decisão, sente-se e espere que lhe façam a oferta, de modo que você possa pesar os prós e contras. Também pode lhe servir de auxílio dar um passo para trás e tomar um tempo para processar as novas informações oferecidas pelo outro negociante antes de responder à oferta.

Por último, há situações em que a decisão de realizar ou não a primeira oferta deve ser pensada como algo irrelevante. Por exemplo, se um dos seus interesses em uma negociação é construir uma relação de longo prazo com a outra parte envolvida, não importa quem fará a primeira oferta. Se você está lidando com uma relação de longo prazo, a primeira oferta é apenas o primeiro passo de uma longa dança.

Folha de trabalho individual

Fazer a primeira oferta em uma negociação. Esse é um assunto que leva a muita discussão e sobre o qual todos parecem ter um parecer. A realidade é que se você fizer a primeira oferta, você deve realizá-la de forma estratégica, e caso escolha não investir em uma primeira oferta, você deve saber como reagir às propostas dos outros negociantes.

Comece por essa dica: Sempre fazer a primeira oferta, nunca fazer a primeira oferta: nenhuma dessas duas posturas é correta. Diferentes negociações requerem diferentes raciocínios e lógicas quando a questão é realizar ou não a primeira oferta.

Quando se tratar de fazer a primeira oferta, lembre-se desses pontos-chave:

- Faça o dever de casa, esteja preparado e fuja do *Winner's Curse*, realizando uma oferta que é aceita no ato, mas que claramente é uma oferta baixa.
- Não se angustie para realizar (ou aceitar) uma primeira oferta que você não realizaria (ou aceitaria) em nenhuma outra situação.
- Você não deve realizar a primeira oferta em uma negociação se você não está certo sobre o que deseja do processo.
- Se o outro negociante fizer a primeira oferta, não se deixe ancorar nela. Faça perguntas e ofereça contrapropostas que tenham valor e façam sentido.

PERGUNTAS PARA FAZER A SI MESMO:

- Faz sentido, em termos de benefícios, ancorar a negociação com uma primeira oferta?

- Essa é uma negociação de uma única ocasião? Caso seja, provavelmente faz sentido realizar uma primeira oferta para ancorar o processo.
- No que você está baseando sua primeira oferta? Você tem explicações lógicas e um bom raciocínio sobre como chegou a essa oferta, caso o outro negociador lhe pergunte sobre ela?

CAPÍTULO 20

Avaliar os fatores envolvidos em negociações: seu dinheiro ou sua vida

Avaliar os fatores envolvidos em negociações é uma questão importantíssima para todos os negociadores, que deve ser compreendida em detalhes. O que eu quero dizer com avaliar os fatores envolvidos em uma negociação? Colocando de forma simples, avaliar fatores em negociações significa julgar o que é importante para você, como negociador, em uma dada situação. Isso parece simples. O problema é que muitos negociadores, quando pesam negociações, focam grande parte de sua atenção em apenas um fator: dinheiro. Como resultado disso, eles deixam de pensar sobre todas as outras coisas que lhes têm valor. Isso costuma levar a acordos que, em termos de compromisso, não são eficazes ou, ainda pior, ao colapso de negociações que poderiam ter um bom desfecho.

Como foi dito anteriormente, quando pensamos em fatores para pesar negociações, muitas vezes pensamos apenas em dinheiro. Sem dúvida, esse é um elemento muito importante para negociações. Contudo, dinheiro está longe de ser a única coisa que tem valor para as pessoas.

Considere a seguinte história como exemplo: anos atrás, circulou nos jornais uma notícia sobre uma senhora que havia vendido sua casa. Nada de novo, você deve estar pensando, mas a história acabou virando notícia por um motivo especial. A senhora, que certamente não estava na melhor das situações financeiras, vendeu sua casa por um valor vinte e cinco mil dólares menor que o que foi oferecido por outro comprador. Quando perguntada pelo repórter sobre o motivo de estar abrindo mão de vinte e cinco mil, a senhora afirmou o seguinte: "Ouça, eu vivi nessa casa por 45 anos. A pessoa que ofereceu o maior valor me disse que tinha planos de pôr a casa abaixo e construir uma outra maior. Eu não queria que isso acontecesse, por isso vendi a casa para um jovem casal que eu tinha certeza de que cuidaria bem dela!" Esse exemplo nos mostra que a senhora deu um valor maior a alguém que cuidasse bem da casa que ela amava, alguém que preservasse aquilo que ela amava.

Quando se trata de pesar os fatores de uma negociação, aqui estão algumas coisas sobre as quais se deve pensar: em primeiro lugar, em qualquer negociação, você deve ter bem claras quais são as coisas que você valoriza, entre as quais obviamente pode estar o dinheiro envolvido, mas que não devem estar limitadas apenas a esse fator.

Em segundo, você deve realizar a mesma avaliação sobre os outros negociadores envolvidos, investigando o que tem valor para eles. Determinar o que as pessoas valorizam abre novas portas em processos de negociação e faz o que parece ser impossível se tornar possível – o que lhe ajudará a criar pontes para transpor lacunas. Da mesma forma, não saber o que o outro valoriza faz com que as mais simples negociações venham por água abaixo.

Em terceiro, é muito comum que as pessoas valorizem coisas diferentes em um processo de negociação. Se esse é o caso, a negociação tem uma maior chance de ser bem-sucedida, pois trocas podem ser feitas sem dificuldades. No entanto, é importante reiterar que, para a negociação ser bem-sucedida, é essencial que esses diferentes valores sejam compreendidos pelas partes envolvidas no processo. Caso contrário, essa oportunidade de troca pode acabar passando despercebida.

Por último, se você não conseguir avançar com uma negociação e não souber o motivo, pode ser que não tenha descoberto o que o outro negociante realmente valoriza. Anos atrás, vivi uma situação na qual funcionários com os quais trabalhei me disseram, quando eu os contratei, que o salário não era o que mais importava para eles – o que eles realmente valorizavam era poder trabalhar comigo para ganharem experiência. Mais tarde, depois de algumas questões terem vindo à tona, eu compreendi que o salário pago a eles não era importante em termos de finanças, mas importava como um sinal intangível de respeito e como um indicador do quanto eles eram valorizados. Uma vez que percebi a forma pela qual eles avaliavam essa relação de trabalho, nós fomos capazes de iniciar um novo processo de negociação e, no final das contas, atingir uma solução que era melhor para ambas as partes.

Folha de trabalho individual

As pessoas valorizam muitas coisas. Em negociações, nós costumamos dar foco ao dinheiro como uma medida de valor, mas como todos sabemos, dinheiro não é tudo. As pessoas também valorizam tempo, respeito e outros fatores intangíveis que são parte essencial dos processos de negociação.

Comece por essa dica: Se você não está sendo capaz de encontrar uma solução para um processo de negociação e não consegue entender por quê, é provável que você não tenha percebido o que tem valor para o outro negociante. Quando você perceber isso, o processo fluirá.

Quando se trata de avaliar os fatores envolvidos em uma negociação, considere esses pontos-chave:

- Valor surge em diferentes formas. Tente perceber todas as fontes de valor em uma dada negociação.
- Notar formas de valor comuns e incomuns é o caminho para se chegar a soluções criativas e melhor satisfazer o que se valoriza.
- Se você perceber que você e o outro negociante valorizam coisas distintas, sua tarefa se tornará mais fácil, pois trocas serão possíveis.

PERGUNTAS PARA FAZER A SI MESMO:

- O que eu valorizo nessa negociação? Pense de forma ampla sobre todas as coisas que importam para você.
- Algumas das coisas que valorizo são fatores intangíveis, como respeito e igualdade?
- Eu sei o que o outro negociador valoriza e, caso saiba, posso oferecer o que ele deseja e vice-versa?

CAPÍTULO 21

Negociando grandes compras: eu vou levar isso, isso e aquilo

Nenhuma conversa sobre negociações na vida em geral estaria completa se não considerássemos grandes aquisições, como casas e carros. Apesar de este ser um tipo de negociação com o qual a maior parte das pessoas se envolve em determinados momentos da vida, ele está longe de ser seu favorito. Isso ocorre devido a algumas dinâmicas presentes nesse tipo de situações – dinâmicas nas quais as pessoas tendem a se sentir desconfortáveis. Além disso, se você não negocia bem nessas situações, um risco financeiro considerável passa a existir, o que deixa as pessoas apreensivas.

A seguir estão algumas das dinâmicas mais comuns que eu percebo nesses tipos de negociação. Depois de discutir cada tipo de negociação, serão apresentadas algumas ideias sobre como lidar com eles. A primeira dinâmica envolvida em negociações de carros ou casas é o tipo de abordagem mais utilizado nesses processos de negociação: a negociação posicional (também conhecida como o método dos altos e baixos). Para explicá-la melhor, a abordagem de negociação posicional ocorre quando um negociador busca obter o máximo possível daquilo que mais lhe interessa.

Em negociações de carros ou casas, o que mais interessa aos negociadores é a questão financeira. Essa abordagem não tende a considerar as outras partes envolvidas na negociação e o que elas pretendem alcançar com o processo. Muito pelo contrário, ela costuma ser baseada em se tentar manipular e passar o outro negociador para trás. Esse tipo de negociação gera uma desconfiança considerável entre as partes envolvidas, e é por isso que a maioria dos compradores não gosta de negociar com vendedores de concessionárias e corretores imobiliários. Os compradores acham muito difícil perceber se estão sendo passados pra trás ou não. Na verdade, as pessoas criaram uma antipatia tão grande pelo processo que os funcionários das concessionárias e outros vendedores tentaram mudar a forma como as coisas se davam, fixando os preços dos carros em placas e afirmando que esses valores não eram negociáveis, a fim de eliminar complicações. O problema, obviamente, é que esses preços eram decididos pelos vendedores e raramente favoreciam o comprador.*

Outra dinâmica que se costuma encontrar nesses tipos de negociação é a tática do tira bonzinho / tira malvado. Vamos examinar como ela funciona, em detalhes, usando o exemplo da compra de um carro. Para aqueles que não conhecem o processo, o atendente age como o cara bonzinho, dizendo o quanto ele gostaria que você levasse esse carro,

---

* É importante deixar claro que nem todos os vendedores de concessionárias e agentes imobiliários operam suas vendas dessa forma. Na verdade, tenho ouvido bastante sobre vendedores e agentes que entendem que sua abordagem de negociação não os ajuda a ganhar clientes a longo prazo, e que estão revendo sua forma de fazer negócios.

afirmando que ele vai lhe fazer um ótimo preço etc. Quando ofertas começam a ser feitas, o atendente diz que não pode fechar o negócio ainda, que antes precisa discutir a oferta com o seu chefe. Esse chefe, que equivale ao Mágico de Oz por trás dos panos, é retratado como um negociador inflexível, o cara malvado que não vai ceder. No final das contas, o atendente usa o seu chefe como o cara malvado para mostrar que está do seu lado e fazer com que você sinta que ele está trabalhando pelos seus interesses. Essa abordagem se mostrou eficaz por muito tempo, mas traz consigo o risco de o comprador perceber que está sendo passado para trás e nunca mais retornar ao vendedor.

A última dinâmica recorrente em negociações de carros e casas é o uso de táticas para pressionar o outro negociador, fazendo com que ele se sinta forçado a aceitar a oferta. Por exemplo, um atendente pode lhe dizer que esse é o último carro do modelo que ele tem disponível e que se você não o levar, outra pessoa pode passar à sua frente e fechar a compra (ou então que outras pessoas já ficaram tentadas por essa oferta e que ele não pode chegar a um valor menor do que esse). Ou então agentes imobiliários podem lhe dizer que há outros compradores interessados na casa e que, se não tomar cuidado, você pode acabar perdendo a compra. Em resumo, prazos são criados a fim de lhe pressionar e para que eles possam tirar vantagem da sua reação. Como você pode saber se esses prazos são reais ou não? Sonde o outro negociador, fazendo perguntas acerca desses prazos – se algumas das respostas simplesmente não fizerem sentido ou se o vendedor hesitar na hora de responder, é bem provável que esses prazos tenham sido inventados.

Consideradas essas dinâmicas, como você pode se preparar para investir na negociação de um carro ou uma casa de forma a não temer o processo e sair dele com a sensação, e a certeza, de ter feito um bom negócio? A seguir estão algumas dicas que vão lhe ajudar a alcançar isso. Em primeiro lugar, como tem sido repetido ao longo destes capítulos, negociar o preço de um carro ou casa requer preparação, preparação e mais um pouco de preparação. Saber é poder nessas situações, e graças a certas invenções, como a internet, você pode facilmente pesquisar sobre o que deseja adquirir e se tornar um comprador consciente. Prepare-se com fatos, ideias e sabendo até onde pode chegar. Há algum tempo, essas informações não estavam disponíveis para compradores, o que dava uma clara vantagem para o vendedor. Contudo, esse não é o caso nos dias de hoje, com o fácil acesso que se tem a informações.

Em segundo lugar, perceba o jogo que o outro negociador está utilizando e não jogue conforme suas regras – ao contrário, trabalhe para mudar esse jogo. Deixe bem claro para o vendedor que você fez o dever de casa e sabe exatamente quanto está disposto a pagar e por quê. Se ele tentar negociar esses limites, explique que você já lhe disse até onde está disposto a chegar, que se baseou em fatos para chegar a essa conclusão e que não vai ultrapassar esse valor. Se ele insistir na velha tática do cara bonzinho / cara malvado, deixe-o prosseguir com o ritual, repetindo calmamente os seus termos quando ele retornar. Há vários outros carros ou casas mundo afora, principalmente em um mercado que se alimenta disso. Um detalhe importante: não se apegue demais a determinado carro ou casa, pois esse apego fará com que você esteja suscetível a pressões que outros negociadores tentarão lhe impor. No final das contas, você acabará esquecendo de toda a pesquisa que fez, de todo o processo de preparação e tomará uma decisão que não compensa.

Em terceiro, pergunte a si mesmo: "Como saber se estou recebendo uma oferta justa pelo que está sendo oferecido?" Essa é uma questão fundamental, e, ainda assim, poucos se perguntam sobre isso. Você sabe se estão lhe fazendo uma oferta justa quando conhece o valor do carro ou casa a partir de outros meios, como sites de ofertas. Tenha a certeza de possuir uma medida, sabendo por que um preço está acima ou abaixo dos valores de mercado para compras semelhantes. Igualmente importante, saiba que o vendedor também conhecerá os valores de mercado e possuirá uma faixa de valor. Sendo assim, não tenha medo de perguntar por que o padrão de preço que ele está adotando faz mais sentido do que os outros aos quais você chegou.

Gostaria que você considerasse o seguinte exemplo: imagine que você sai em busca de um carro usado e precisa negociar o preço com um vendedor. Por ter lido este livro, você pensa: eu preciso estar preparado! Sendo assim, começa a fazer algumas pesquisas na internet, partindo do princípio de que seria bom ter outros padrões de preço que lhe ajudassem no processo. Sendo um consumidor consciente, você acessa algum site de vendas que lhe dá uma média do quanto deve pagar por modelos usados. Com todos esses dados em mãos, e sabendo quanto está disposto a pagar, você fecha negócio com um negociador. Depois de visitar alguns vendedores, você conclui que o valor ao qual chegaram é mil dólares menor que a média dos valores da internet. Nada mal, você pensa, e termina o processo se sentindo um consumidor realizado.

O que há de errado com esse exemplo? Os padrões dos quais partiu, na verdade, não são os melhores padrões de preço que você poderia ter utilizado. Ainda que pelos sites de vendas você possa chegar a um preço médio para certo modelo de carro, esses sites não lhe dizem quanto de fato o vendedor pagou pelo carro que está negociando. Para ser sincero, esse é o verdadeiro valor que você precisa ter em mente a fim de alcançar o melhor acordo possível. Há outros sites que oferecem valores de atacado para diferentes modelos de carro. Essa informação está disponível na internet, mas poucas pessoas sabem disso, pois esse é um daqueles segredos que interessam a muitos que estejam bem guardados.

Por último, a chave para se obter vantagem em negociações de carros ou casas é perceber de forma clara as suas alternativas. Por exemplo, quando se vai em busca da compra de um carro, realmente sugiro que você dê prioridade a vendedores que estejam em meio a vários outros vendedores, lutando diariamente com a concorrência. Por que eu digo isso? Bem, imagine que você chega a um desses vendedores e sente que ele o está pressionando, colocando-o em uma posição desconfortável. Quais saídas você tem à sua disposição? Se você se levantar e for embora, indo bater na porta da concorrência, você terá muitas opções. E ainda poderá comparar o preço oferecido pelo segundo vendedor com o valor oferecido pelo primeiro. Na verdade, não é um mau negócio sair em busca de diferentes vendedores antes de fechar uma compra. Se um vendedor lhe propuser uma dessas ofertas de pegar ou largar e você resolver voltar mais tarde, é quase certo que essa oferta ainda estará de pé.

Folha de trabalho individual

Para realizar grandes compras ao longo da vida, nós geralmente precisamos negociar. O tipo de negociação que ocorre nessa espécie de acordo costuma gerar desconforto para a maioria das pessoas. É possível se sair bem em jogos de negociação posicional e se manter fiel aos seus valores.

Comece por essa dica: Espere uma negociação posicional, de altos e baixos, e jogue o jogo da maneira correta. Prepare-se a fim de saber até onde deseja ir nessa negociação e modere suas concessões. Saber onde se deseja chegar tornará mais fácil a tomada de decisões complicadas nesse tipo de negociação.

Quando se tratar de negociações que envolvam grandes compras, lembre-se desses pontos-chave:

- Fazer o dever de casa e se preparar para esses tipos de negociação é essencial para o seu sucesso. Nesse caso, saber é poder, e a internet tornou mais justo o jogo entre compradores e vendedores.
- Tenha certeza de investigar todos os padrões de valor usados nesses tipos de negociação. Não há nada demais em o outro negociador utilizar o seu próprio padrão de preços, mas existem vários outros padrões disponíveis que podem servir melhor aos seus interesses, e você não deve hesitar em trazê-los à tona, negociando também os padrões que serão usados no processo.

- Perceba que muitos negociadores utilizam a tática do tira bonzinho / tira malvado. Deixe-os prosseguir com o ritual, enquanto você mantém seu objetivo em mente. Se você chegar ao ponto que deseja, pouco importa quais jogos as outras partes envolvidas estão jogando.

PERGUNTAS PARA FAZER A SI MESMO:

- Quanto eu quero pagar por isso e como posso justificar esse valor? Quais critérios utilizarei para dar suporte ao meu objetivo?
- Quais padrões de preço estarão disponíveis no mercado quando eu estiver investindo na compra de um carro ou casa? E qual deles é o melhor para mim, dado o contexto dessa negociação?
- Como eu vou lidar com táticas de pressão, como o uso de prazos e outros truques utilizados por vendedores, para que não me deixe levar por eles?

CAPÍTULO 22

Negociando com empresas quando se é um mero consumidor: elas vão soprar e bufar

Muitas vezes, ao negociarmos com empresas, parece que estamos negociando com o lobo mau. Você, na posição de consumidor, pode acabar se sentindo um dos três porquinhos, preso em casa, esperando para ver se ela será posta abaixo e se você terminará devorado. Provavelmente não é essa a imagem que as empresas querem lhe transmitir, mas, como consumidor, você às vezes é tratado assim ou se sente dessa maneira. Certamente as empresas tentam afastar de si essa imagem, afirmando que o "cliente é quem manda" e que "o cliente sempre tem a razão", mas isso é só até um problema vir à tona. A partir desse momento, as coisas mudam de figura, e quando você as contata para algum tipo de negociação, pode terminar ouvindo frases como "me desculpe, mas essa é a política da empresa" ou respostas duras ao problema que você está levantando. Basta dizer que você é a parte frágil da negociação. Como então negociar com interlocutores mais poderosos? Geralmente, lidar com poder em uma negociação é um desafio considerável, mas há muitos casos em que as partes mais frágeis conseguem atingir seus interesses nessas difíceis negociações.

Pensando sobre esse tipo de situação, vem-me à memória um caso de proporções internacionais do qual podemos tirar algumas lições. Nos idos de 1964, determinadas nações estavam tirando vantagem de alguns países em desenvolvimento, que às vezes eram até excluídos de vários processos de negociação, processos acerca de decisões econômicas que afetavam o sistema global e esses próprios países. Muitas dessas nações em desenvolvimento se reuniram, perguntando umas às outras o que podiam fazer para serem ouvidas e para ampliar seu poder de negociação frente às nações desenvolvidas. A resposta foi a criação do G-77 (Grupo dos 77). Como a maior coalizão de países em desenvolvimento dentro das Nações Unidas, o G-77 oferecia os meios para que esses países articulassem e pusessem em prática seus interesses econômicos comuns e fortalecessem seu potencial de negociação frente a questões econômico-mundiais, além de promover a cooperação técnico-econômica entre eles. Na verdade, esse caso tem a ver com buscar formas de se conquistar poder quando não se tem muito. Esses países investiram em uma abordagem criativa para ampliar seu poder, e isso também é possível quando você depara com desafios semelhantes.

Essa história também aponta o primeiro modo pelo qual se deve investir para ampliar o seu poder quando se é a parte mais frágil envolvida em uma negociação: fundar coalizões e encontrar aliados que tenham os mesmos objetivos e interesses. Isso não ocorre apenas em questões diplomáticas, mas também na esfera organizacional e nas relações sociais como um todo. Por exemplo, recentemente, eu estava ministrando um curso, quando uma das integrantes do grupo me contou que tinha um chefe com o qual era muito difícil de se lidar. No entanto, era improvável que ele viesse a ser dispensado, pois possuía fortes relações dentro da empresa. Como ela me disse, "não há nada que eu possa fazer". Então, eu perguntei: "Há outras pessoas no departamento que também sentem esse desconforto? Caso haja, quantas seriam?" Ela pensou um pouco e disse: "Sim, outros se sentem da mesma forma, umas dez pessoas, incluindo eu, desse mesmo departamento – todas elas acham difícil trabalhar com o nosso chefe e gostariam que ele mudasse sua forma de agir." Inicialmente, cogitamos sobre ela se reunir com o seu chefe para negociar, mas ela achava que isso não levaria a lugar nenhum. Conforme explicou, "se eu ameaçasse pedir demissão, ele provavelmente não tentaria me impedir, tentando demonstrar firmeza". Então, eu perguntei: "Qual forma a negociação assumiria se você e as outras pessoas insatisfeitas do departamento fossem a ele e explicassem que, se ele não mudasse sua maneira de agir, todos você iriam se demitir?" Ela riu e disse: "isso certamente chamaria a sua atenção de um modo como nenhum de nós, individualmente, conseguiria chamar". Ela acabou considerando essa uma boa ideia e resolveu tentar colocá-la em prática. Tempos depois, ela retornou dizendo que tinha executado o plano junto aos outros funcionários, e que o seu chefe acabou pedindo demissão, devido à pressão imposta por eles para que mudasse sua forma de agir. Sendo assim, uma maneira eficiente de se lidar com poder quando se é a parte mais frágil da negociação é construir coalizões e encontrar aliados que tenham os mesmos interesses que você. Isso obviamente também é possível em situações nas quais se tem de lidar com empresas. Como consumidor, você pode entrar em contato com grupos de advocacia que trabalham com direitos do cliente, para que esses grupos lhe ajudem a lidar com a situação.

A segunda coisa a se tentar quando se está lidando com partes mais poderosas é ter certeza sobre as alternativas que você e elas têm caso não se chegue a um acordo. Examinando as alternativas para ambos os lados, você conseguirá dizer o quão mais poderosa é a outra parte envolvida na negociação e terá uma melhor noção das consequências que as suas alternativas podem ter. Também é importante lembrar que, ainda que a outra parte tenha boas alternativas em mãos, ela pode estar querendo evitar ter de colocá-las em prática. Também há consequências para a parte mais poderosa envolvida na negociação. Se uma empresa ganha a fama de tratar mal seus clientes, isso traz consequências expressivas a longo prazo.

A terceira abordagem para se negociar com partes mais poderosas é ter em mente que poder é um algo relativo. Isso significa que uma pessoa só tem poder sobre outra se essa outra pessoa dá valor ao que a primeira possui. Por exemplo, se você pode me pagar muito dinheiro para que eu lhe faça um trabalho, mas não consegue satisfazer meu maior interesse, que é ter horários flexíveis para que eu possa passar mais tempo com os meus filhos, você não tem tanto poder sobre mim quanto teria se eu pusesse a questão financeira acima de tudo. No momento em que as outras partes envolvidas sentam para negociar, elas estão reconhecendo que você tem influência sobre a situação e que isso se traduz em poder a seu favor. Se elas pudessem simplesmente impor sua vontade, assim fariam. Mas elas não podem, e é exatamente por isso que você está se reunindo com elas. É vital se lembrar desse fato e de que ele lhe dá poder quando você senta em uma mesa para negociar.

A última forma de lidar com partes mais poderosas em negociações é deixar claro que você não se enxerga como a parte mais frágil. Exatamente porque o poder é um conceito ambíguo, é fácil haver dúvidas sobre qual das partes envolvidas em uma negociação é a mais poderosa. Considere o exemplo a seguir. Uma funcionária, diferenciada por certa especialidade que possui, ouviu rumores de que seria mandada embora devido à recessão econômica. Conforme ela pensou inicialmente, não havia muito o que pudesse fazer. Certo dia, o seu chefe a chamou e disse que gostaria de conversar com ela em uma hora. Durante esse tempo, a funcionária pensou bastante sobre a possibilidade de ser demitida e chegou à conclusão de que ela era a única que oferecia certa especialidade para a empresa. Ela percebeu que se a empresa tivesse que terceirizar essa função, isso sairia bem mais caro do que o custo que tinham com ela. Ao se reunir com o seu chefe, ela trouxe todas essas informações à tona e as transformou em um forte motivo para que não a demitissem. Seu chefe concordou com os seus argumentos e a manteve no emprego.

Resumindo, se você é a parte mais frágil de uma negociação, tente fundar coalizões e alianças, percebendo com clareza quais são as suas alternativas e as da outra parte envolvida – algo que você pode realizar quando ainda não estiver na mesa de negociações –, perceba que o poder é um conceito relativo e que a outra parte pode não deter tanto poder quanto você pensa e, por último, deixe claro para a parte mais poderosa que, ainda que ela tenha em mãos a maioria das cartas do jogo, você pode influenciar o rumo das coisas de diversas maneiras.

Folha de trabalho individual

Hoje em dia, muitas das grandes empresas afirmam que o cliente é quem manda, até algum problema vir à tona. A partir desse momento, o cliente, que antes era quem mandava, passa a estar sujeito às políticas e regras da empresa, evocadas para que ela não tenha de negociar. Isso frustra o cliente até o ponto em que ele desiste do caso ou cede aos interesses da empresa.

Comece por essa dica: Caso você se enxergue como um mero consumidor, sem nenhuma opção a seu favor, é isso que você vai acabar se tornando. Pense em si mesmo como alguém que tem opções e que pode tomar para si abordagens criativas ao investir em negociações. Se você investir em abordagens que lhe deem alternativas, a empresa, que não está esperando por isso, pode acabar tendo de pagar a conta.

Quando se tratar de negociações com grandes empresas, lembre-se desses pontos-chave:

- Você tem opções – descubra-as.
- As regras e políticas de empresa não são inquestionáveis. Desafie a veracidade delas, caso não façam sentido ou lhe pareçam injustas.
- Se você estiver falando com um representante do serviço ao consumidor e não estiver chegando a lugar nenhum, não hesite em pedir para falar com o seu supervisor. Muitas vezes, representantes do serviço ao consumidor têm de seguir regras rigorosas,

enquanto seus supervisores têm mais liberdade para dialogar sobre soluções criativas.

- Faça o dever de casa e investigue a política da empresa no que se refere ao assunto em questão.

Perguntas para fazer a si mesmo:

- O que eu pretendo atingir com essa negociação? Eu estou convencido quanto ao que está errado e quanto ao que estou pedindo que eles façam?
- Como eu posso incrementar minha MAANA nessa situação? Há algum grupo de advocacia que pode me ajudar a fortalecer meu potencial de negociação?
- Quais poderes a empresa possui sobre mim? Existe alguma maneira de eu desafiar esses poderes?
- Como eu posso deixar claro para a empresa que também tenho algum poder nessa negociação e que, caso a minha questão não seja levada a sério, posso considerar o uso desse poder?

CAPÍTULO 23

Conclusão e leituras complementares

Como o leitor pode perceber a partir da variedade de assuntos trabalhados nos capítulos anteriores, as negociações da vida podem assumir inúmeras formas e exigir muitas provações. Essa esfera de negociação é claramente distinta das esferas do trabalho e da casa, onde muitas negociações tendem a ser pessoais e possuir uma natureza de longo prazo. Sendo assim, é justo dizer que negociações na vida em geral são um teste sem igual para nossa habilidade de negociar e que nos forçam a lidar com um conjunto de problemas completamente diverso.

Muitas das negociações da vida em geral têm a ver com dinâmicas que vão além do nosso controle, o que afeta nossa abordagem de forma considerável. Por exemplo, negociar a compra de uma casa requer um espectro de habilidades que dependem da condição financeira em que nos encontramos. Se estamos à procura de uma casa em um mercado favorável ao comprador, nos vemos em uma posição de poder e podemos controlar o processo mais facilmente. O contrário também é válido, caso estejamos em um mercado que é favorável ao vendedor – o processo de preparação se torna muito mais crítico, para que possamos dar a melhor oferta e realizar a compra.

Ou, conforme outro exemplo, quando somos forçados a negociar com uma empresa sobre a devolução de um produto ou sobre o valor da conta do cartão de crédito, costumamos nos sentir na posição mais frágil da mesa de negociações. Nesse caso, devemos ser criativos e persistentes, usando das ferramentas à nossa disposição e sabendo quais são essas ferramentas. Esses diversos fatores que afetam os processos de negociação, e consequentemente o lugar que ocupamos nesses processos, fazem das negociações da vida em geral uma aventura cheia de surpresas.

Os fatores intangíveis que foram discutidos nos capítulos anteriores também elevam o nível de dificuldade dessas negociações. Aspectos ocultos, como o que as pessoas valorizam e qual tipo de abordagem (competitiva ou cooperativa) o outro negociador está utilizando na negociação, fazem recair dúvidas sobre nossas cabeças. Além disso, o estresse que negociações no trabalho e em casa acarretam podem afetar nossas negociações na vida como um todo. Se alguém está tendo um péssimo dia no trabalho e acaba tendo de negociar sobre um problema com sua companhia de cartão de crédito, é provável que o representante do serviço ao consumidor acabe recebendo o impacto dessas frustrações durante o processo.

Por último, não se deve subestimar a importância de saber negociar na vida em geral e de trilhar os melhores caminhos frente a tantos testes que o cotidiano nos coloca. Lembro-me de um comentário que um dos meus ex-alunos fez, há dez anos, comentário que me inspirou a escrever este livro e que continua bem vivo dentro de mim.

Eu estava ministrando um curso sobre negociação para adultos, em uma universidade para mulheres de Western Massachusetts. No final do semestre, uma mulher de mais de sessenta anos veio a mim e disse: "Sabe, se eu tivesse aprendido essas técnicas trinta anos atrás, minha vida teria sido bem diferente. Penso em todas as vezes em que pessoas devem ter tirado vantagem de mim por eu não saber como negociar e lidar com conflitos de maneira eficaz. Fico feliz de ter aprendido isso agora, mas também me frustra o fato de que perdi tantas oportunidades." É difícil pensar em palavras melhores para afirmar o que ela disse; essa declaração, curta mas impactante, articula com eficácia o valor de se saber negociar na vida em geral.

Leituras complementares

Fisher, Roger; Patton, Bruce; Ury, William. *Como chegar ao sim: a negociação de acordos sem concessões*. Rio de Janeiro: Imago, 2005.

Fisher, Roger; Sharp, Alan. *Getting It Done: How to Lead When You Are Not in Charge*. Nova York: Harper Collins, 1998.

Hall, Lavinia. *Negotiation: Strategies for Mutual Gain*. Newbury Park: Sage Press, 1993.

Lax, David; Sebenius, James K. *3-D Negotiation: Powerful Tools to Change the Game in Your Most Important Deals*. Cambridge: Harvard Business School Press, 2006.

Ury, William. *Getting Past No: Negotiating in Difficult Situations*. Nova York: Bantam Books, 1993.

Ury, William. *Getting to YES: Negotiating Agreement Without Giving In*. Nova York: Penguin Books, 1981.

Conclusão

Próximos passos para desenvolver o negociador em você

O propósito deste livro é trabalhar, de forma resumida, uma vasta gama de tópicos presentes em várias esferas de negociação. Através de situações comuns de negociação, procurei lhe apresentar algumas ideias sobre como investir em negociações de uma forma diferente. Durante esse processo, foram expostas as estratégias e habilidades necessárias para lhe ajudar a negociar nessas situações. E folhas de trabalho individual foram criadas para que você as utilize assim que fechar este livro e assumir seu lugar na mesa de negociações, qualquer que seja a forma que ela venha a tomar no seu cotidiano.

Negociar é um processo complicado, que nos desafia em todos os sentidos, do campo lógico ao emocional e em todos os pontos que se encontram entre eles. Após a leitura deste livro, você terá novas ideias de abordagens para negociações, podendo trabalhar da melhor maneira possível para atingir seus interesses em qualquer situação. Grande parte do desafio que negociações envolvem tem a ver com conhecimento. Contudo, uma parte igualmente importante desse desafio é o nível de confiança com o qual se investe no processo. Em um dos cursos que eu recentemente ministrei, um dos participantes resumiu em poucas palavras a essência do que eu queria transmitir. Ele disse: "Você me apresentou algumas novas formas de encarar processos de negociação – paradigmas que eu nunca tinha conseguido enxergar. Mas, talvez ainda mais importante, agora eu me sinto muito mais confiante para investir em negociações. Meu medo se transformou em confiança. Um processo que eu antes encarava com temor, agora encaro como um novo e contínuo desafio."

O negociante em você lhe deu algum fôlego a partir do qual você partirá para suas futuras negociações no trabalho, em casa e na vida como um todo. Eu sinceramente espero que você tome este livro como um ponto de partida e consiga ir além na questão das negociações. Há todo um mundo de negociações a ser explorado e compreendido, conforme sugerem as diferentes seções deste livro.

Por último, lembre-se que a prática leva à perfeição. O ato de negociar é, por essência, um esforço estratégico, repleto de provações, erros e muitas oportunidades de aprendizado. Quando você pensa ter compreendido determinado processo de negociação, algo inesperado acontece para lembrá-lo o quanto ainda se pode aprender.

Este livro foi composto em
Adobe Caslon Pro para a Leya e
impresso em maio de 2013.